Aus Omas Rezeptbuch
Köstliche Marmeladen und Gelees ohne Gelierzucker
Über 100 altbewährte Rezepte

von

Liesel Huber

Liesel Huber

Aus Omas Rezeptbuch

Köstliche Marmeladen und Gelees ohne Gelierzucker
Über 100 altbewährte Rezepte

Eine Sammlung altbewährter Rezepte zur Herstellung
von Konfitüre, Marmelade und Gelee aus heimischen
Wildfrüchten und allerlei anderen Früchten

Impressum:
© 2018 Liesel Huber
3. Auflage 2020
Herstellung und Verlag: BoD- Books on Demand, Norderstedt.
ISBN: 978-3-75198-329-7

Inhaltsverzeichnis

Kapitel	Seite

Einleitung 9

Marmeladen alphabetisch

Ananas-Marmelade	13
Apfel-Marmelade	13
Apfel-Orangen-Karotten-Marmelade	14
Apfel-Butter	14
Apfelgelee	15
Apfel-Aprikosen-Marmelade	15
Apfel-Hagebutten-Marmelade	16
Apfel-Holunder-Marmelade	16
Apfel-Kirsch-Marmelade	16
Apfel-Pfirsich-Marmelade	17
Apfel-Sanddorn-Marmelade	17
Apfel-Zimt-Marmelade	17
Apfel-Zitronen-Marmelade	18
Aprikosen-Marmelade	18
Aprikose-Sanddorn-Marmelade	19
Fruchtige Bananen-Marmelade	19
Birnengelee	20
Birnen-Marmelade	20
Birnenhonig	21
Birnen-Pflaumenmus	21
Blaubeer-Marmelade	22
Blutorangen-Marmelade	22

Brombeer-Marmelade 22

Cranberry-Marmelade 23

Dattelsirup 23

Erdbeer-Marmelade 23

Erdbeergelee 24

Erdbeer-Grapefruit-Marmelade 24

Erdbeer-Rhabarber-Marmelade 25

Erdbeer-Sanddorn-Marmelade 25

Feigen-Marmelade 25

Feigen-Orangen-Marmelade 26

Feigen-Walnuss-Marmelade 26

Felsenbirnen-Marmelade 27

Apfel-Granatapfel-Marmelade 27

Granatapfel-Orangen-Marmelade 28

Rote Beeren-Granatapfel-Marmelade 28

Grapefruit-Marmelade 29

Grapefruit-Apfel-Marmelade 29

Grapefruit-Orangen-Marmelade 29

Hagebutten-Marmelade (Hägenmark) 30

Hagebutte-Orangen-Marmelade 30

Himbeer-Marmelade 31

Himbeergelee 31

Himbeer-Erdbeer-Johannisbeeren-Marmelade 31

Himbeer-Johannisbeer-Marmelade 32

Himbeer-Rhabarber-Marmelade 32

Holundergelee 32

Holunderblütengelee 33

Johannisbeer-Marmelade, rote und weiße 34

Johannisbeer-Marmelade, schwarze 34

Schwarze Johannisbeere-Apfel-Marmelade 34

Schwarze Johannisbeeren-Kirschen-Gelee 35

Kaki-Marmelade 35

Kaki-Orangen-Marmelade 35

Karotten-Marmelade 36
Kirsch-Marmelade 36
Kirsch-Orangen-Marmelade 37
Kiwi-Marmelade 37
Kornelkirschen-Marmelade 38
Kürbis-Marmelade 38
Kürbis-Apfel-Marmelade 38
Kürbis-Orangen-Marmelade 39
Litschi-Marmelade 39
Löwenzahnblüten-Honig 40
Mango-Marmelade 40
Mango-Kiwi-Litschi-Marmelade 40
Maronenmus 41
Maronen-Birnen-Marmelade 42
Maulbeer-Marmelade 42
Melonen-Marmelade 42
Mehrfrucht-Marmelade mit Kaktusfeigen 43
Milchkaramell-Aufstrich 43
Mirabellen-Marmelade 44
Mispel-Marmelade 44
Nektarinen-Marmelade 45
Orangen-Gelee 45
Orangen-Marmelade 45
Orangen-Karotten-Marmelade 46
Paprika-Marmelade 47
Passionsfrucht-Orangen-Marmelade 47
Pfirsich-Marmelade 48
Pfirsich-Maracuja-Marmelade 48
Pflaumen-Marmelade 48
Pflaumenmus (Powidl) 49
Pflaumen-Walnuss-Marmelade. 49
Preiselbeer-Marmelade 50
Quitten-Gelee 50

Quitten-Marmelade 50
Reineclaude-Marmelade 51
Rhabarber-Marmelade 51
Rosen-Marmelade 52
Sanddorn-Marmelade 52
Sanddorn-Orangen-Marmelade 53
Sauerkirsche-Walnuss-Marmelade 53
Schlehengelee 54
Schlehen-Apfel-Marmelade 54
Stachelbeeren-Marmelade 55
Rote Johannisbeeren-Stachelbeeren-Gelee 55
Vogelbeere-Apfel-Karamell-Marmelade 55
Waldfrucht Beerenmix-Marmelade 56
Waldmeister-Gelee 56
Weintrauben-Gelee 57
Weißdorn-Marmelade 58
Wildfrucht-Marmelade mit Bucheckern 58
Wildkirschen-Marmelade 59
Zitronen-Gelee 59
Zitronen-Marmelade 59
Zitronen-Orangen-Marmelade 60
Zwetschgen-Marmelade 61
Zwiebel-Marmelade 62

Alphabetischer Index

Alphabetischer Index 63

Einleitung

Hagebuttenmarmelade, Erdbeer-Konfitüre, Quittengelee, Pflaumenmus, Birnen-Walnuss-Marmelade, Holunderblütengelee... In der warmen Jahreszeit beschenkt uns die heimische Natur mit einer großen Bandbreite an Früchten, zusätzlich zu den Früchten, die es in jedem Supermarkt zu kaufen gibt. In diesem Buch finden sich daher neben Marmeladenrezepten für alle erdenklichen Obstsorten auch viele Rezepte zur Verarbeitung heimischer Wildfrüchte.

Die vorgestellten Rezepte sind altbewährt und mit einfachen Mitteln machbar. In den traditionellen Rezepten wird ausschließlich gewöhnlicher Haushaltszucker verwendet, auf Gelierzucker und andere Gelierhilfen wird gänzlich verzichtet. Es kommen auch weder Mixer noch Pürierstab zum Einsatz. Benötigt werden lediglich:

- Ein Topf (emailliert, aus Kupfer oder aus Edelstahl).
- Ein hölzerner Kochlöffel.
- Ein Schaumlöffel.
- Ein feines Haarsieb.
- Ein Kartoffelstampfer oder Stößel.
- Sauber sterilisierte Einmachgläser, oder Gläser mit Schraubverschluss

Die keimfreien Vorratsgläser müssen kurz vor dem Einfüllen der Marmelade (diese wird stets kochendheiß eingefüllt) heiß durchgespült werden, damit die Gläser nicht zerspringen. Nach dem Einfüllen der Marmelade werden die Gläser sofort verschlossen.
Die Vorratsgläser dürfen nicht mit dem gewöhnlichen Spülschwamm ausgewaschen oder mit dem Geschirrtuch abgetrocknet werden, da diese nicht keimfrei sind. Am besten ist es, die Gläser und Deckel nach dem Abkochen im Wasserbad (Sterilisieren) mit einer Zange herauszunehmen und einfach lufttrocknen zu lassen. Alternativ können die Gläser auch direkt vor dem Abfüllen für 10 Minuten bei 120 Grad im Backofen trocken sterilisiert werden.

Die fertigen Marmeladen und Gelees müssen kühl, dunkel und trocken aufbewahrt werden. Die Vorratsgläser müssen vor dem Abfüllen steril, also keimfrei, und nach dem Abfüllen außen ganz sauber sein, damit gegebenenfalls außen klebende Marmeladenreste, die beim Einfüllen am Glas haftengeblieben sind, nicht zu schimmeln anfangen. Man muss öfter einmal danach sehen und die Gläser kontrollieren.

Wurde der Zucker nicht gründlich genug gekocht, gären die Früchte in der Marmelade, ist hingegen zu viel Zucker enthalten oder wurde die Marmelade zu stark gekocht, greniert der Zucker, d. h. er wird körnig.

Grundrezept

Bei 1:1-Rezepten nehme ich meist etwas weniger Zucker, dann wird die Marmelade nicht zu süß. Z. B. wiege ich auf 1 kg vorbereitete Fruchtmasse meist nur 950 g Zucker. Da beim Kochen immer noch etwas Flüssigkeit verdunstet, liegt der Zuckergehalt am Ende dennoch bei über 50 Prozent. Durch den hohen Zuckergehalt wird die Marmelade haltbar, liegt der Anteil hingegen bei unter 50 Prozent, fördert Zucker sogar die Gärung.

Für das Gelieren der Marmeladen und Gelees sorgt das *Pektin*, ein Bestandteil von Früchten, der vor allem in den Schalen und Kernen enthalten ist. Unreife und saure Früchte enthalten mehr Pektin als reife süße, deswegen ist es immer ganz gut, ein paar unreife Früchte mit unterzumischen. Einige Obstsorten, wie z. B. Äpfel und Zitrusfrüchte, enthalten so viel Pektin, dass man bei der Zubereitung von sortenreiner Marmelade Wasser hinzufügen muss, da die Marmelade sonst zu fest würde.
Sehr viel Pektin ist u. a. enthalten in: Äpfeln, Aprikosen, Heidelbeeren, Preiselbeeren, Schwarzen Johannisbeeren, Stachelbeeren, Quitten und Zitrusfrüchten.
Durchschnittlich viel Pektin ist u. a. enthalten in: Birnen, Brombeeren, Himbeeren, Mirabellen, Pfirsichen, Pflaumen, Roten Johannisbeeren, Sanddorn, Schlehen, Vogelbeeren und Zwetschgen.
Wenig Pektin ist u. a. enthalten in: Ananas, Bananen, Erdbeeren, Feigen, Holunderbeeren, Kirschen, Mangos, Rhabarber und Trauben.
Bei den letzteren pektinarmen Früchten muss man ein wenig tricksen, um bei der Marmeladenherstellung ohne künstliche Gelierhilfen auszukommen. In der Regel wird eine geringe Menge stark pektinhaltiger Früchte untergemengt, um eine streichfähige Marmelade zu erhalten.

Um festzustellen, ob eine Marmelade fertig ist, macht man die sogenannte *Gelierprobe:* Wenn die Marmelade gut durchgekocht ist, gibt man ab und zu einen Tropfen davon auf einen Teller und lässt ihn erkalten. Wenn die Marmelade auf dem Teller geliert, also beim schrägen Abkippen des Tellers nicht sogleich flüssig verläuft, sondern ihre Form behält, ist sie fertig. Durch die Zugabe von etwas Zitronensaft kann man den Gelierprozess beschleunigen.

Generell gelingt die Marmelade besser, wenn nicht allzu viel Masse im Topf ist. Daher ist es bei großen Früchtemengen meist besser, diese etappenweise zu verarbeiten.

Die vorgestellten erprobten Rezepte stammen zum Teil aus alten Kochbüchern, es sind aber auch viele altbewährte Familienrezepte darunter, sowie einige neuere Rezepte mit in jedem Supermarkt erhältlichen Früchten, mit deren Verarbeitung unsere Großmütter mangels Gelegenheit noch nicht vertraut waren.

Ganz besonders lagen mir bei diesem Buch unsere einheimischen Wildfrüchte am Herz. Unsere heimische Natur hat viele köstliche Früchte zu bieten, so dass es gut möglich ist, dass Sie beim nächsten Herbstspaziergang am Waldrand mit reicher Ernte nach Hause kommen und aus den geernteten Früchten eine leckere Marmelade zubereiten können.

Und nun wünsche ich Ihnen viel Freude beim Früchtesammeln, Experimentieren und Einkochen köstlicher Marmeladen.

Auf ein gutes Gelingen,
Ihre Liesel Huber

Rezeptteil

Ananas-Marmelade

Ananas enthält wenig Pektin, daher muss man pektinreiche Früchte untermischen, damit die Marmelade geliert. Die pektinreiche Zitrone eignet sich geschmacklich für diese Zwecke sehr gut.

Zutaten: 1 Bio-Ananas, 3 Bio-Zitronen, 500 g Zucker, 600 ml Wasser und ggf. eine Prise Salz.

Zubereitung: Zitronen waschen, halbieren, Saft auspressen und die Zesten herauskratzen. Mitsamt den Schalen in einen Topf geben. Ananas schälen, Herzstück ausschneiden Herzstück und die Schale zerkleinern und zu den Zitronen in den Topf geben. Ananasringe erst einmal beiseite stellen.

Nun das Wasser dazugeben, alles aufkochen, und dann bei geringer Hitze eine Stunde lang köcheln lassen. In der Zwischenzeit die Ananasringe in kleine Stücke schneiden.

Dann die gekochte Masse in eine Schüssel abgießen und, soweit es möglich ist, ausdrücken. Nun kommen die Ananasstücke in den Kochsud, der ungefähr 1 kg wiegen wird. Dazu kommt nun 500g Zucker, und das Ganze wird unter stetem Rühren bei geringer Hitze gekocht. Ein paarmal aufwallen lassen. Ggf. eine Prise Salz dazugeben, falls die Marmelade durch die Zitronenschalen eine bittere Note bekommen hat. Nach etwa 15 Minuten kann man die erste Gelierprobe machen, die Marmelade ist nach ungefähr 30 Minuten fertig. Man erhält eine hübsch gelbe, sehr aromatische Ananas-Marmelade.

Tipp: Statt der angegebenen 3 Zitronen kann man auch 2 Orangen und 1 Zitrone verwenden.

Äpfel-Marmelade

Methode I

Zutaten: Äpfel, Zucker

Zubereitung: Äpfel schälen und entkernen, zerstampfen oder fein reiben. Auf 1 kg Apfelbrei misst man 750 g Zucker ab. Der Brei wird mit dem Zucker und etwas Wasser in einem Topf aufgekocht und während des Kochens stetig gerührt. Nach ein paar Minuten die erste Gelierprobe machen.

Zutaten: Äpfel, etwas Zitronenschale, Zucker, Wasser.

Zubereitung: Äpfel schälen und entkernen, in Wasser weichkochen und durch ein Sieb streichen. Auf ein Kilo Fruchtmus misst man 750 Gramm Zucker ab. Zucker mit Wasser aufkochen, bis sich ein Zuckersirup bildet. Äpfel und etwas geriebene Zitronenschale unterrühren und so lange unter stetem Rühren kochen, bis die Marmelade die richtige Festigkeit erreicht hat.

Apfel-Orangen-Karotten-Marmelade

Zutaten: 1 Apfel, 1 Orange, 1 Karotte sowie Saft und Zesten einer ganzen Zitrone.

Zubereitung: Früchte waschen, Apfel entkernen, Stücke mit Schale grob raspeln, Orange schälen, das Weiße sorgfältig entfernen (sonst wird es bitter), Orangenspalten in Stücke schneiden. Karotte abschrubben oder schälen, dann fein raspeln, Zitrone auspressen und Zesten mit einem Löffel abschaben. Alles zusammen in einer Schüssel vermengen.

Mit einem kleinen Schuss Wasser weichkochen, dann den Fruchtbrei durch ein Sieb treiben. Die aufgefangene Flüssigkeit abwiegen. Auf 500g Fruchtmus misst man 250 g Zucker ab. Das Verhältnis Früchte zu Zucker ist also 2:1. Fruchtmus mit dem Zucker vermengen und aufkochen.

Apfel und Orange enthalten viel Pektin, es wird schnell gehen.

Ggf. falls die Marmelade etwas bitter ist, eine kleine Prise Salz hinzugeben.

Apfelbutter

Zutaten: 1 kg Äpfel, 100 g Zucker (weißer und brauner gemischt), 3 EL Honig, ½ EL Zimtpulver.

Zubereitung: Äpfel schälen und in kleine Stücke schneiden. In etwas Wasser (so wenig wie möglich) weich kochen, dann durch ein feines Sieb in eine Schüssel abseihen, die Schalen entfernen und Fruchtstücke durch das Sieb treiben. Die Kerne verbleiben dadurch im Sieb.

Nun das Fruchtmus zusammen mit dem Zucker, dem Honig und dem Zimtpulver in einen Topf geben und so lange kochen, bis ein dickliches Mus entsteht. In vorbereitete heiß ausgespülte Gläser abfüllen.

Apfelgelee

Man wählt eine Anzahl schöner, stark aromatischer Bio-Äpfel, die nicht geschält werden sollten, weil in der Schale das Aroma am stärksten ist.

Zutaten: Äpfel, Zucker, Wasser.

Zubereitung: Äpfel vierteln, Kerngehäuse und Schalen nicht entfernen (das sind gute Pektinlieferanten), knapp mit Wasser bedeckt kurz aufkochen, dann abgedeckt über Nacht stehen lassen.

Um I Liter Apfelsaft zu gewinnen, benötigt man übrigens etwa 2,5 kg Äpfel.

Am nächsten Tag die Flüssigkeit in eine Schüssel durch ein feines Sieb oder ein Tuch abseihen, abwiegen und Zucker abwiegen. Die ausgepressten festen Apfelbestandteile werden entsorgt.

Nun wird der Saft gewogen und es kommt dasselbe Gewicht an Zucker hinzu, auf I l Saft misst man also I kg Zucker ab.

Flüssigkeit dann wieder in den Topf füllen und kurz aufkochen, Zucker dazugeben, einmal aufwallen lassen, bis sich der Zucker gänzlich aufgelöst hat, und dann bei geringerer Hitze weiterköcheln lassen. Nach 20 bis 30 Minuten ist das Gelee für gewöhnlich fertig, es muss immer wieder mal eine Gelierprobe gemacht werden.

Tipp: Holzäpfel (kleine harte und saure Früchte) eignen sich sehr gut zur Gelee-Herstellung, da sie sehr gut und auch schneller als gewöhnliche Äpfel gelieren. Nach Belieben kann man das Gelee auch mit ein wenig Zimt oder Nelken würzen.

Apfel-Aprikosen-Marmelade

Zutaten: 650 g Äpfel, 350 g Aprikosen, Saft von zwei Zitronen.

Zubereitung: Die Aprikosen in einem Topf mit etwas Wasser weichkochen, durch ein Sieb in eine Schüssel streichen. Die Äpfel zusammen mit dem Zitronensaft und etwas Wasser in einem Topf weichkochen, dann durch ein Sieb in eine Schüssel treiben. Fruchtmus von Apfel und Aprikose verrühren und abwiegen, ebenso viel Zucker hinzugeben. Nachdem die Masse gut durchgekocht ist, die erste Gelierprobe machen.

Apfel-Hagebutten-Marmelade

Zutaten: 1 kg Äpfel, 350 g Hagebutten, Zucker. Wasser.

Zubereitung: Äpfel waschen und entkernen, Hagebutten waschen und Stengel abschneiden. Früchte mit ½ l Wasser aufkochen, bis sie so weich sind, dass sie sich zerdrücken lassen. Dann durch ein Sieb streichen, die entstandene Fruchtmasse 1:1 mit Zucker vermengen und erneut aufkochen, bis sie geliert.

Apfel-Holunderbeeren-Marmelade

Zutaten: 500 g halbreife Bio-Äpfel frisch vom Baum, 500 g Holunder, Zucker. Wasser.

Zubereitung: Holunder waschen, Äpfel entkernen (nicht schälen). Äpfel klein stückeln oder grob in einen Topf reiben, Holunder mit Strunk sowie einen Schuss Wasser oder Apfelsaft dazugeben. Kochen und stampfen, bis die Beeren zerdrückt und der Apfel weichgekocht sind. Dann durch ein Sieb streichen. Den Fruchtsaft abwiegen, etwas weniger Zucker hinzugeben, als der Saft wiegt (etwa 900 g Zucker auf 1 kg Fruchtsaft). Saft und Zucker vermengen, aufkochen. Bald die erste Gelierprobe machen, diese Marmelade geliert für gewöhnlich recht schnell.

Apfel-Kirsch-Marmelade

Zutaten: 500 g säuerliche Bio-Äpfel, 500 g Kirschen, Zucker, Saft einer Zitrone.

Zubereitung: Früchte waschen. Äpfel ungeschält vierteln, Kirschen entkernen. Beide zusammen mit möglichst wenig Wasser in einen Topf geben und weich kochen. Dann durch ein feines Sieb in eine Schüssel streichen. Die Schalen und Kerne verbleiben im Sieb. Den entstandenen Saft abwiegen und ebenso viel Zucker hinzugeben. Nun beides wieder aufkochen, und dann bei geringerer Hitze köcheln lassen. Falls die Marmelade zu süß ist oder nicht recht gelieren will, etwas Zitronensaft hinzugeben.

Apfel-Pfirsich-Marmelade

Zutaten: 1 kg Pfirsiche, 200 g Bio-Äpfel (das entspricht 2 kleinen oder 1 großem Apfel) und 1 EL Zitronensaft.

Zubereitung: Pfirsiche waschen, entsteinen und vierteln. Äpfel waschen und entkernen. Pfirsiche mit einem Schuss Wasser weichkochen und durch ein Sieb streichen. Äpfel mit etwas Wasser weich kochen, das Wasser abschütten und die Äpfel ebenfalls durch ein Sieb streichen. Das Fruchtmus miteinander vermengen und 500 g Zucker und den Zitronensaft unterrühren. Aufkochen und bei geringer Hitze stetig umrühren, bis die Marmelade geliert.

Apfel-Sanddorn-Marmelade

Zutaten: 500 ml Sanddornsaft, 4 mittelgroße Äpfel, Saft einer halben Zitrone, Zucker, Wasser, ggf. eine Prise Salz.

Zubereitung: Äpfel waschen und kleinschneiden, Schale und Kerngehäuse nicht entfernen. Apfelstücke im Sanddornsaft unter Zugabe von etwas Wasser weichkochen, durch ein feines Sieb in eine Schüssel treiben. Die Schalen und Kerne verbleiben im Sieb. Nun die Masse 1:1 mit Zucker abwiegen und vermengen, Zitronensaft hinzugeben und das Ganze einmal aufwallen lassen, bis der Zucker sich aufgelöst hat. Dann bei geringerer Hitze weiterköcheln lassen, bis die Marmelade geliert.
Da sowohl Apfel als Sanddorn pektinreiche Früchte sind, wird der Kochvorgang nicht allzu lange dauern. Falls die Marmelade zu bitter ist, eine Prise Salz hinzugeben.

Apfel-Zimt-Marmelade

Zutaten: Äpfel, Zucker, Zimtstangen (je Vorratsglas eine).

Zubereitung: Äpfel schälen, kleinschneiden, mit einem kleinen Schuss Wasser weichkochen, durch ein Haarsieb treiben. Auf 1 kg Fruchtmasse 750g Zucker abwiegen. Einkochen, bis die Marmelade geliert, dann in die heiß ausgespülten Gläser abfüllen, je eine Zimtstange ins Glas dazugeben.

Äpfel-Zitronen-Marmelade

Zutaten: 1 kg Bio-Äpfel, 4 Bio-Zitronen, Zucker, Wasser.

Zubereitung: Äpfel und Zitronen waschen. Äpfel schälen, Kerngehäuse ausschneiden, alles (auch die Schalen und die Kerngehäuse) in einen Topf geben. Zitronen waschen, Saft auspressen, Zitronensaft beiseite stellen. Äpfel, Apfelschalen und Kerngehäuse zusammen mit den Zitronenschalen in wenig Wasser köcheln, bis die Apfelstücke weich sind und sich mit einer Gabel zerdrücken lassen. Dann durch ein feines Sieb in eine Schüssel treiben. Apfelschalen entfernen, Zitronenschalen gut ausdrücken. Die Apfelkerne verbleiben im Sieb. Das entstandene Fruchtmus abwiegen, 1:1 mit Zucker vermengen und so lange unter stetem Rühren kochen, bis die Marmelade geliert.

Aprikosen-Marmelade

Variante 1

Zutaten: 500g Aprikosen, 400g Zucker, Saft einer halben Zitrone.

Zubereitung: Aprikosen entkernen. Wenn sie weich genug sind, werden sie zerstampft (falls nicht, kocht man sie zuerst in etwas Wasser weich). Dann wird der Fruchtbrei durch ein Sieb getrieben, damit die häutige Schale zurückgehalten wird.
Danach den Zucker im Verhältnis 1:1 hinzugeben. Fruchtmus und Zucker vermengen und aufkochen, dabei stetig umrühren, damit das Mus nicht anbrennt. Fertig ist die Marmelade, wenn beim Rühre der Topfboden sichtbar wird, bzw. wenn ein Teelöffel Mus, in eine Tasse Wasser gegeben, als ein Stück zusammenbleibt und sich nicht auflöst.

Tipp: Aprikosen werden beim Kochen weißlich, durch die Zugabe des Zitronensafts erhält man eine appetitlich aussehende leicht orangefarbene Tönung.

Variante 2

Zutaten: 1 kg Aprikosen, 750 g Zucker, Saft einer halben Zitrone.

Zubereitung: Aprikosen entkernen, stampfen, durch ein Haarsieb reiben. Fruchtmasse bei leichter Hitze im Topf reduzieren, währenddessen den Zucker in etwas Wasser auflösen und einkochen. Dann Zitronensaft und Zuckersirup zur Fruchtmasse geben und das Ganze köcheln lassen, bis die Marmelade geliert.

Tipp: Etwas Biss entsteht durch die Zugabe von gehackten und fettfrei gerösteten Haselnüssen, auf 1 kg Aprikosen etwa 100 g, die der Marmelade während dem Kochvorgang hinzugefügt werden.

Aprikosen-Sanddorn-Marmelade

Zutaten: 6 süße, reife Aprikosen, 100 g Sanddornbeeren, 1 TL Zitronensaft, ca. 300 g Zucker.

Zubereitung: Früchte waschen. Aprikosen entkernen, zusammen mit den Sanddornbeeren und einem Schuss Wasser in einen Topf geben und erhitzen, bis die Früchte dampfen und sich zerdrücken lassen. Dann durch ein feines Sieb in eine Schüssel treiben. Das entstandene Fruchtmus 1:1 mit dem Zucker abwiegen, dann mit dem Zucker und dem Zitronensaft vermengen, einmal heiß aufwallen, damit der Zucker sich ganz auflöst und dann auf geringerer Stufe köcheln lassen, bis die Marmelade bei der Gelierprobe geliert.

Bananen-Marmelade

Bananen enthalten wenig Pektin, daher muss man ein wenig tricksen, damit man eine streichfähige, dabei aber nicht zu süße Marmelade erhält. Für dieses Rezept benötigt man folgende

Zutaten: 7 Bananen, 2 Bio-Zitronen 700 g Zucker und (nach Belieben) das Mark einer Vanilleschote oder zwei TL Vanillezucker (diesen mit dem Zucker vermengen).

Zubereitung: Zitronen waschen und auspressen. Zitronensaft beiseite stellen. Schalen vierteln und zusammen in etwas Wasser im Topf etwa 10 Minuten köcheln. In der Zwischenzeit die Bananen schälen und in Scheiben schneiden.
Zitronenschalensud durch ein Sieb abseihen und die Zitronenschalen gänzlich ausdrücken, die Flüssigkeit auffangen. Flüssigkeit wiegen und so viel Wasser hinzugeben, dass sich 700 ml Flüssigkeit ergeben. Wieder in den Topf geben, Zucker unterrühren, bis ein dicker Sirup entstanden ist. Dann die Bananenscheiben, den Zitronensaft und ggf. das Vanillemark dazugeben. Nach etwa 20 Minuten weiterem Köcheln ist die Marmelade fertig.

Birnen-Gelee

Dieses Gelee kann nur aus einem Gemisch von Birnen- und Apfelsaft hergestellt werden, da Birnensaft für sich allein kein Gelee von genügender Konsistenz liefert. Sehr zu empfehlen ist auch ein Zusatz von etwas Zitronensaft.

Zutaten: 500g Birnen, 500 g Äpfel, Zucker, Wasser.

Zubereitung: Birnen und Äpfel vierteln, Kerngehäuse und Schalen nicht wegschneiden (das sind gute Pektinlieferanten), knapp mit Wasser bedeckt kurz aufkochen, dann abgedeckt über Nacht stehen lassen. Um 1 Liter Saft zu gewinnen, benötigt man übrigens etwa 2,5 kg Früchte.

Am nächsten Tag die Flüssigkeit in eine Schüssel durch ein feines Sieb oder ein Tuch abseihen, abwiegen und Zucker abwiegen. Die ausgepressten festen Bestandteile werden entsorgt.

Es kommt dasselbe Gewicht an Zucker hinzu, wie der Saft wiegt, auf 1 l Saft misst man also 1 kg Zucker ab.

Flüssigkeit dann wieder in den Topf füllen und kurz aufkochen, Zucker dazugeben, einmal aufwallen lassen, bis sich der Zucker gänzlich aufgelöst hat, und dann bei geringerer Hitze weiterköcheln lassen. Nach 20 bis 30 Minuten ist das Gelee für gewöhnlich fertig, es muss immer wieder mal eine Gelierprobe gemacht werden.

Tipp: Harte und saure Früchte eignen sich besonders gut zur Gelee-Herstellung. Nach Belieben kann man das Gelee auch mit ein wenig Zimt oder Nelken würzen.

Birnen-Marmelade

Zutaten: 1 kg Birnen, Zucker, Wasser.

Zubereitung: Reife Birnen schälen und entkernen, in vier Teile schneiden, diese in wenig Wasser erhitzen, bis sie weich werden. Dann die Birnen herausnehmen, abtropfen lassen und durch ein Sieb streichen. Die Fruchtmasse abwiegen. Auf 1 kg Birnenmus misst man 500 g Zucker ab. Zucker mit etwas Wasser zu einem Sirup einkochen, bis dieser Fäden zieht. Das Birnenmus dazugeben und unter stetem Rühren kochen, bis die Marmelade die Gelierprobe besteht.

Tipp: Das Mitkochen einer Zimtstange gibt der Marmelade besonderen Pfiff.

Birnenhonig

Birnenhonig, eine traditionelle Lebkuchenzutat, war schon im Mittelalter bekannt, bevor man Mitte des 18. Jahrhunderts industriell Zucker und damit Marmeladen produzieren konnte. Und so stellt man ihn her:

Zutaten: 1 kg Birnen, 1 TL Zitronensaft, 300 g Zucker.

Zubereitung: Birnen schälen und Kerngehäuse entfernen, kleinschneiden, mit einem Schuss Wasser erwärmen, bis sie weich sind, dann durch ein Sieb in eine Schüssel treiben. Birnenmus mit dem Zitronensaft vermengen, Zucker dazugeben und bei geringer Hitze so lange einkochen, bis die Konsistenz honigartig ist.

Birnen-Pflaumenmus

Ein traditionelles Bauernrezept, das mitunter ganz ohne Zucker auskommt, ist dieses Birnen-Pflaumenmus. Früher, zu Uromas Zeiten, verwertete man auf diese Weise große Mengen von Birnen und reifen Zwetschgen oder Pflaumen. Damals kochte man große Mengen der Früchte eine Woche lang jeden Tag 2 bis 3 Stunden im großen befeuerbaren kupfernen Waschbottich, der in beinahe jedem Bauernhaus vorhanden war, ganz gemächlich ein. Nach einer Woche und einer Gesamtkochzeit von etwa 24 Stunden war das lange haltbare Mus fertig – gerade pünktlich zum nächsten Waschtag, an dem man den Bottich wieder für seinen ursprünglichen Zweck brauchte.

Heute reichen uns aber auch ein Topf und eine kleinere Menge Früchte. Das Verhältnis der Früchte beträgt 3:1, auf 1 kg Pflaumen sollten etwa 300 Gramm Birnen kommen. Wenn man es süßer mag, kann natürlich auch etwas Zucker (nur etwa 50 Gramm pro kg Frucht) dazugegeben werden. Diesen streut man in kleinen Portionen über die Früchte, ohne ihn gleich unterzurühren.

Die Früchte werden gewaschen und entkernt, grob klein geschnitten und mit einem Schuss Wasser in den Topf gegeben. Nun heißt es Geduld haben. Der Kochvorgang dauert bei geringer Hitze so lange, bis beim Umrühren keine Flüssigkeit mehr den Topfboden bedeckt. Dabei sorgsam aufpassen, dass die Früchte nicht anbrennen. Wie früher kann man den Vorgang auch auf mehrere Tage verteilen. Wenn das Mus fertig ist, in Gläser abfüllen und direkt verschließen.

Blaubeer-Marmelade

Zutaten: 1 kg Blaubeeren, 1 ½ Zitronen (ausgepresst, nur der Saft), 1 kg Zucker.

Zubereitung: Blaubeeren waschen und mit einem kleinen Schuss Wasser, dem Zucker und dem Zitronensaft in einen Topf geben, dann langsam aufkochen. Sobald die Beeren dampfen, ein wenig mit einem Stößel zerdrücken und dann bei geringer Hitze und häufigem Rühren für ca. 15 Minuten köcheln lassen, bis die Marmelade die Gelierprobe besteht.

Blutorangen-Marmelade

Blutorangenmarmelade kann man wie Orangen- oder Zitronenmarmelade herstellen.

Ein schnelleres Rezept, bei dem die Früchte nicht über Nacht einweichen müssen, geht folgendermaßen:

Zutaten: 2 Blutorangen, 2 Zitronen, Zucker, Wasser.

Zubereitung: Die Früchte schälen, das Weiße sorgfältig entfernen. Fruchtfleisch nun kleinschneiden und mit etwas Wasser 10 Minuten lang sprudelnd kochen. Dann durch ein Sieb in eine Schüssel treiben. Den entstandenen Fruchtsaft 1:1 mit Zucker abwiegen, beides miteinander vermengen und erneut aufkochen, bis der Zucker sich vollkommen aufgelöst hat. Nach wenigen Minuten die erste Gelierprobe machen.

Tipp: Eine Handvoll Erdbeeren dazu ergeben einen besonders fruchtigen Geschmack. Die Erdbeeren werden (gewaschen und gestückelt) vor dem Abwiegen zum abgeseihten Fruchtsaft gegeben.

Brombeer-Marmelade

Zutaten: 500 g Brombeeren, Zucker, Wasser.

Zubereitung: Brombeeren waschen und mit einem Schuss Wasser erhitzen, danach die weichen Früchte durch ein Sieb in eine Schüssel passieren. Das zurückbleibende feste Fruchtmus mit den Kernen kommt in den Biomüll, der Saft wird abgewogen und mit ebenso viel Zucker in einem Topf so lange eingekocht, bis die Masse geliert. Ich nehme auf 1 kg Fruchtmus ca. 950 g Zucker.

Tipp: Wenn Sie ein paar unreife (rote) Brombeeren mitkochen, geliert die Marmelade schneller.

Cranberry-Marmelade

Cranberries, auch als Kranich- oder Moosbeeren bekannt, enthalten viel Pektin und sind einfach zu Marmelade zu verarbeiten. Es kommt ebenso viel Zucker dazu, wie die Beeren wiegen. Zur Marmeladenherstellung werden die Beeren gewaschen und mit einer Tasse Wasser aufgekocht, der abgewogene Zucker wird hinzugegeben, und die Marmelade gut gekocht. Nach wenigen Minuten ist sie schon fertig, Gläser daher besser gleich heiß durchgespült bereithalten.

Dattelsirup

Dattelsirup schmeckt so ähnlich wie Zuckerrübensirup, kommt aber ganz ohne eine Zuckerzugabe aus, da Datteln von Natur aus schon sehr süß sind. Es eignet sich gut als veganes Süßungsmittel und Zuckerersatz.

Um ihn herzustellen, braucht man etwas Zeit. Von den frischen Datteln, sagen wir 1 kg als Ausgangsmenge, werden die harten Stielansätze und die Kerne entfernt und die Datteln ggf. längs eingeschnitten. Nun werden die Datteln in einen Topf gegeben, knapp mit Wasser bedeckt und ca. 30 Minuten lang imgeschlossenen Topf gekocht. Danach lässt man die gekochten Datteln etwas abkühlen und streicht sie dann durch ein feines Sieb in eine Schüssel. Das erfordert ein wenig Ausdauer, aber man wird mit einem feinen, noch recht dünnflüssigen Dattelmus belohnt. Dieses kommt zurück in den Topf und wird nun ohne Deckel bei geringer Hitze und unter häufigem Rühren so lange eingekocht, bis es die gewünschte Konsistenz erreicht.

Erdbeer-Marmelade

Variante I

Die kleinen Kerne, welche auf den Erdbeer-Früchten sitzen, verleihen der Marmelade einen bitteren Beigeschmack, man kann sie aber größtenteils beseitigen, indem man die zerquetschten Erdbeeren durch ein feines Sieb treibt.

Man verwendet gewöhnlich gleiche Gewichtsmengen Erdbeeren und Zucker; will man weniger Zucker verwenden und dennoch eine Marmelade von genügender Dickflüssigkeit erhalten, so mischt man dem Erdbeersaft ein Viertel an Himbeer- oder Johannisbeersaft bei und hält die Masse vor dem Aufkochen etwa eine Stunde bei einer Temperatur von 40 bis 50 Grad warm, damit sich möglichst viel Pektin löst.

Die Beerenmasse abwiegen. Auf 1 kg Beerenmus nimmt man 750 g Zucker. Bei ansonsten geringer Hitze mehrere Male aufkochen lassen, bis man beim Umrühren den Boden sehen kann.

Variante 2

Auf 1 kg Erdbeeren 850 g Zucker und den Saft einer Zitrone geben. Erdbeeren zerstampfen, Zitronensaft und Zucker gut unterrühren, stark aufkochen, damit der Zucker sich gänzlich auflöst und dann bei geringerer Hitze weiterköcheln lassen. Stetig umrühren. Nach etwa zehn Minuten die erste Gelierprobe machen.

Erdbeer-Gelee

Die Erdbeeren werden zerquetscht, mit der halben Zuckermenge gemischt, der Brei in einen starken Leinensack gebunden, ausgepreßt und mit etwas Johannisbeer- und Zitronensaft vermengt, zu Gelee gekocht. Für sich allein liefert der Erdbeersaft kein Gelee von genügender Beschaffenheit.

Erdbeer-Grapefruit-Marmelade

Zutaten: 500 g Erdbeeren, 1 Grapefruit, 700 g Zucker.
Zubereitung: Erdbeeren waschen und kleinschneiden, Grapefruit schälen, das Weiße sorgfältig entfernen und das Fruchtfleisch in kleine Stücke schneiden. Erdbeer- und Grapefruitstücke zusammen mit einem Schuss Wasser aufkochen, dann den Zucker einrühren und die Masse heiß aufwallen lassen. Dann bei geringerer Hitze köcheln lassen, bis die Marmelade geliert.

Erdbeer-Rhabarber-Marmelade

Zutaten: 500 g Erdbeeren, 1 kg Rhabarber, 2 Zitronen (nur der ausgepresste Saft), 1 Apfel, 1300g Zucker

Zubereitung: Erdbeeren waschen und kleinschneiden, Rhabarber schälen und in kleine Stücke schneiden, Zitronen auspressen, Apfel schälen, entkernen und reiben.

Erdbeeren, geriebener Apfel und Zitronensaft in einen Topf geben, unter Rühren erwärmen, dann Zucker und Rhabarber hinzugeben.

Nun aufkochen und rühren, bis die Masse geliert, es dauert ca. 15 Minuten.

Erdbeer-Sanddorn-Marmelade

Zutaten: 700g Erdbeeren, 300 ml reiner Sanddornsaft, 1 kg Zucker, Saft einer halben Zitrone, ggf. 1 Prise Salz

Zubereitung: Die Erdbeeren waschen und kleinschneiden, zusammen mit dem Sanddornsaft und einem Schuss Wasser weichkochen, dann den Zucker und den Zitronensaft dazugeben, aufwallen lassen, bis der Zucker sich gelöst hat und dann bei geringerer Hitze weiterköcheln lassen, bis die Masse schön sämig ist. Gelierprobe auf einem kalten Teller machen.

Sollte die Marmelade zu süß, etwas mehr Zitronensaft, sollte sie zu bitter sein, eine Prise Salz hinzufügen.

Feigen-Marmelade

Zutaten: 500g Feigen, Saft einer halben Zitrone, Zucker.

Zubereitung: Feigen waschen, Stielansätze abschneiden, Früchte kleinschneiden, mit einem Schuss Wasser erhitzen, bis sie sehr weich sind. Dann durch ein feines Sieb in eine Schüssel treiben. Dadurch wird ein Großteil der Kerne herausgefiltert.

Das entstandene Mus abwiegen und mit etwas weniger Zucker als Feigenmus vermengt zu sämiger Marmelade einkochen.

Tipp: Man kann für dieses Rezept auch Kaktusfeigen verwenden, oder Feigen und Kaktusfeigen mischen.

Feigen-Orangen-Marmelade

Zutaten: 700 g Bio-Orangen, 300 g Feigen, Zucker, etwas Wasser.

Zubereitung: Früchte waschen. Orangen schälen, das Weiße entfernen und wegwerfen, das Fruchtfleisch kleinschneiden. Stielansätze der Feigen abschneiden, Früchte kleinschneiden. Orangen- und Feigenstücke in einen Topf geben, knapp mit Wasser bedecken und etwa 10 Minuten kochen. Dann durch ein feines Sieb in eine Schüssel treiben. Schalen und Kerne verbleiben im Sieb. Der gewonnene Saft wird abgewogen und 1:1 mit Zucker abgemessen. Saft wieder in den Topf geben, Zucker unterrühren, die Marmelade einmal heiß aufwallen und danach bei geringerer Hitze ca. 20 Minuten einkochen lassen, bis sie geliert.

Feigen-Walnuss-Marmelade

Variante I

Zutaten: 500g getrocknete Feigen, frisch gepresster Orangensaft, 1 Bio-Orange, eine Handvoll gehackte Walnüsse.

Zubereitung: Feigen über Nacht knapp mit Orangensaft bedeckt einweichen.

Am nächsten Tag die aufgeweichten Feigen abseihen (den Saft in einer Schüssel auffangen) und klein hacken. Orangen waschen, schälen, das Weiße gründlich entfernen und die Frucht in kleine Stücke schneiden. Diese dann mitsamt der Schale knapp mit Wasser bedeckt für 10 Minuten kochen lassen. Topf vom Herd nehmen, die Masse abkühlen lassen, Schale herausnehmen und die Fruchtmasse durch ein feines Sieb in eine Schüssel treiben. Orangenmasse gründlich auspressen.

Walnüsse hacken und ohne Fettzugabe in einer Pfanne anrösten, dabei aufpassen, dass sie nicht anbrennen.

Nun die Feigen, die Orangenmasse, den Orangensaft und die gehackten Nüsse zusammen in einen Topf geben und bei geringer Hitze unter häufigem Rühren so lange köcheln, bis sich ein festes Mus ergibt.

Zutaten: 500 g frische Feigen, 150 g gehackte Walnüsse, 200 g Zucker.

Zubereitung: Walnüsse hacken und ohne Fettzugabe in einer Pfanne anrösten, dabei aufpassen, dass sie nicht anbrennen. Feigen waschen, kleinschneiden, sehr harte Stellen entfernen. Nun die Walnüsse und die Feigen mit dem Zucker vermengt über Nacht ziehen lassen. Am nächsten Tag die Masse in einen Topf geben und köcheln, bis sich ein festes Mus ergibt.

Tipp: Diese beiden Marmeladen halten sich wegen der geringen Zuckermenge nicht unbegrenzt und sollten bis zum Verzehr kühl gelagert werden.

Felsenbirnen-Marmelade

Zutaten: 1 kg Felsenbirnen, Zucker, etwas Wasser.

Zubereitung: Früchte waschen und mit einem Schuss Wasser weichkochen, dann durch ein feines Sieb oder ein Tuch in eine Schüssel pressen. Die Kernchen und andere feste Bestandteile verbleiben dadurch zum Großteil im Sieb. Das gewonnene Fruchtmus nun abwiegen und 1:1 mit Zucker abwiegen. Im Topf miteinander vermengen, einmal aufwallen lassen und dann bei geringerer Hitze weiter köcheln, bis die Marmelade geliert.

Apfel-Granatapfel-Marmelade

Zutaten: 2 Granatäpfel, 4 möglichst saure Bio-Äpfel, Saft einer Zitrone, Zucker

Zubereitung: Äpfel waschen und mitsamt den Kerngehäusen kleinschneiden, in einen Topf geben, knapp mit Wasser bedecken und eine Viertelstunde (oder länger) kochen, bis die Äpfel weich sind. Dann die Äpfel durch ein Sieb treiben und den entstehenden Apfelsaft in einer Schüssel auffangen.

Granatäpfel halbieren und die Kerne herausnehmen. Diese mit einem Schuss Wasser in einem Topf erwärmen, bis sie dampfen und sich leicht zerdrücken lassen. Nun durch ein feines Sieb in eine Schüssel pressen, die Kerne bleiben dabei im Sieb hängen.

Den Granatapfelsaft zum Apfelsaft geben, abwiegen und etwas weniger Zucker hinzugeben, etwa 900 g Zucker auf 1 kg Fruchtmasse.

Nun Fruchtmasse und Zucker in einen Topf geben, bis zum Siedepunkt erhitzen, dabei gut umrühren, bis der Zucker sich aufgelöst hat. Zitronensaft hinzugeben. Dann bei geringerer Temperatur köcheln, bis die Marmelade geliert.

Granatapfel- Orangen-Marmelade

Zutaten: 3 Granatäpfel, 2 Orangen, Saft einer halben Zitrone, Orangensaft, Zucker.

Zubereitung: Granatäpfel halbieren und die Kerne herausnehmen. Diese mit einem Schuss Orangensaft in einem Topf erwärmen, bis sie dampfen und sich leicht zerdrücken lassen. Nun durch ein feines Sieb in eine Schüssel pressen, die Kerne bleiben dabei im Sieb hängen. Orangen und die halbe Zitrone auspressen, den Saft zum Granatapfelsaft hinzugeben.

Den entstandenen Saft abwiegen und ebenso viel Zucker abmessen. Beides miteinander vermengen und das Ganze in einem Topf bis zum Siedepunkt erhitzen, dabei gut umrühren, bis der Zucker sich aufgelöst hat. Nun bei geringerer Temperatur köcheln, bis die Marmelade geliert.

Rote Beeren-Granatapfel-Marmelade

Zutaten: 5 Granatäpfel, 200 g Himbeeren oder Johannisbeeren.

Zubereitung: Beeren waschen. Granatäpfel halbieren und die Kerne herausnehmen. Diese zusammen mit den Himbeeren oder Johannisbeeren und einem Schuss Wasser in einem Topf erwärmen, bis sie dampfen und sich leicht zerdrücken lassen. Nun durch ein feines Sieb in eine Schüssel pressen, die Kerne bleiben dabei im Sieb hängen. Den entstandenen Saft abwiegen und ebenso viel Zucker abmessen. Beides miteinander vermengen und das Ganze in einem Topf bis zum Siedepunkt erhitzen, dabei gut umrühren, bis der Zucker sich aufgelöst hat. Nun bei geringerer Temperatur köcheln, bis die Marmelade geliert.

Grapefruit-Marmelade

Reine Grapefruit-Marmelade wird wie Zitronenmarmelade hergestellt. Zum Verfeinern kann man noch etwas Vanillemark zugeben.

Grapefruit-Apfel-Marmelade

Zutaten: 500 g Bio-Äpfel, 500 g Bio-Grapefruit, Zucker, etwas Wasser.

Zubereitung: Früchte waschen. Grapefruit schälen, das Weiße vom Fruchtfleisch entfernen und wegwerfen, Fruchtfleisch kleinschneiden. Äpfel mitsamt Schale und Kerngehäuse kleinschneiden.

Dann Grapefruit und Äpfel samt der Schalen knapp mit Wasser bedecken und ca. 10 Minuten kochen, bis die Äpfel weich sind und sich zerdrücken lassen. Die Masse durch ein feines Sieb in eine Schüssel treiben. Den aufgefangenen Saft 1:1 mit Zucker abwiegen. Dann beides vermengt wieder in einem Topf auf den Herd stellen und einmal kräftig aufkochen, damit der Zucker sich ganz auflösen kann. Bei geringerer Hitze kochen, bis die Marmelade geliert.

Grapefruit-Orangen-Marmelade

Zutaten: 1 kg Bio-Orangen, 1 Bio-Grapefruit, Zucker, Wasser.

Zubereitung: Orangen und Grapefruit waschen und schälen, Schalen beiseite stellen, das Weiße gründlich entfernen. Fruchtfleisch kleinschneiden und knapp mit Wasser bedeckt mitsamt den Schalen für etwa 10 Minuten kochen. Dann die Fruchtmasse durch ein Sieb in eine Schüssel streichen. Den entstandenen Fruchtsaft 1:1 mit Zucker abwiegen.

Saft wieder in den Topf geben und erhitzen, Zucker unterrühren und einmal kräftig aufkochen. Dann bei geringerer Hitze weiterköcheln lassen, bis die Marmelade geliert.

Hagebutten-Marmelade (Hägenmark)

Man kann hierfür die wilden Hagebutten nehmen, oder aber die großen Früchte der Kartoffelrose, die häufig als stachelige Zierhecken angepflanzt werden.

Variante 1

Reife Hagebutten entkernen, einige Tage kühl und dunkel stehen lassen, bis sie recht weich sind. Dann zerdrücken, durch ein Sieb treiben. Auf 1 kg Fruchtmark 950 g Zucker abmessen. Hagebuttenmark und Zucker mit einem Schuss Wasser verrühren und einige Minuten köcheln lassen. Gelierprobe auf einem Teller machen, dann in die vorbereiteten Gläser abfüllen.

Variante 2

Zutaten: 500 g Hagebutten, 500 g Zucker, Wasser.
Zubereitung: Hagebutten entkernen, Stengel, Stacheln usw. ablösen, in eine Schüssel mit warmen Wasser geben und einige Stunden einweichen lassen. Dann die Früchte (ohne Einweichwasser) durch ein feines Sieb treiben, mit dem Messer das feste außen am Sieb anhaftende Mark ebenfalls ablösen und dazugeben. Fruchtreste in den Müll geben, das gesiebte Fruchtmus mit dem Zucker vermengen und unter stetem Rühren mit einem hölzernen Kochlöffel zu einer sämigen Marmelade einkochen.

Hagebutten-Orange-Marmelade

Zutaten: 1 kg Hagebutten, frisch gepresster Orangensaft, Zucker.
Zubereitung: Hagebutten waschen, Blätter abschneiden, Früchte einschneiden. Nicht entkernen. Die Früchte dann in frischem Orangensaft (mit Fruchtfleisch) kochen, bis sie weich sind, dabei sollten sie knapp mit dem Saft bedeckt sein. Dann durch ein Sieb treiben und die Flüssigkeit und das Fruchtmark in einer Schüssel auffangen. Die Kerne bleiben im Sieb hängen. Die ausgepresste feincremige Paste abwiegen, etwas weniger Zucker als 1:1 dazu abmessen, einkochen, bis die Marmelade sämig ist und die Gelier- probe besteht.

Himbeer-Marmelade

Früchte waschen, oder tiefgekühlte Früchte nehmen, mit einem Schuss Wasser erhitzen, bis sie weich werden, dann stampfen. Den Fruchtbrei durch ein Sieb in eine Schüssel treiben, dabei bleiben viele Kerne im Sieb hängen, bei einem sehr feinen Sieb beinahe alle. Dann die Fruchtmasse 1:1 mit Zucker abwiegen, in einem Topf auf den Herd bringen und einmal heiß aufwallen lassen. Danach bei geringerer Hitze etwas weiterköcheln lassen, dabei stetig umrühren, damit die Marmelade nicht anbrennt. Bald die Gelierprobe machen, Himbeermarmelade braucht nicht lange, bis sie geliert.

Himbeer-Gelee

Himbeergelee ist unter allen Gelees so wie das Johannisbeeren-Gelee am leichtesten herzustellen. Um das Gelee aromatisch zu erhalten, muss man die Masse möglichst gut auspressen, so dass sie recht dickflüssig ist und man kaum mehr Wasser zu verdampfen braucht. Es genügt dann vollkommen, wenn man sie nur kurz kochen lässt und nach kurzer Zeit abfüllt. Das Aroma wird durch diese Behandlung am vollständigsten erhalten.

Himbeer-Erdbeer-Johannisbeer-Marmelade

Zutaten: 400 g Himbeeren, 200 g Erdbeeren, 200 g Johannisbeeren, Zucker, etwas Wasser.

Zubereitung: Beeren waschen, Erdbeeren kleinschneiden, Johannisbeeren von den Stengeln streifen. Himbeeren und Johannisbeeren mit einem Schuss Wasser erhitzen, bis sie dampfen und aufzuplatzen beginnen. Die Erdbeeren dazugeben, und alles mit einem Kartoffelstampfer stampfen. Dann durch ein feines Sieb in eine Schüssel streichen. Den Beerensaft abwiegen und 1:1 mit Zucker vermengt aufkochen. Danan bei geringerer Hitze köcheln, bis die Marmelade geliert.

Himbeer-Johannisbeer-Marmelade

Himbeere und Johannisbeere harmonieren sehr gut miteinander. Für eine gemischte Marmelade mischt man die Früchte entweder halb/halb, oder mit etwas mehr Johannisbeeren als Himbeeren.

Beeren waschen und mit einem Schuss Wasser in den Topf geben. Wenn die Beeren gut durchwärmt sind und zu dampfen beginnen, mit einem Kartoffelstampfer zerstampfen. Dann durch ein Sieb treiben, und den aufgefangenen Saft 1:1 mit Zucker aufwiegen und erneut kochen. Nach ca. 5 Minuten ist die Marmelade schon fertig.

Himbeer-Rhabarber-Marmelade

Zutaten: 500 g Rhabarber, 500 g Himbeeren, 1 kg Zucker, etwas Wasser.

Zubereitung: Rhabarber schälen und in kleine Stücke schneiden, mit dem Zucker bestreuen und über Nacht abgedeckt ziehen lassen.

Am nächsten Tag die Himbeeren mit einem Schuss Wasser erhitzen, bis sie dampfen und weich werden. Dann durch ein feines Sieb in eine Schüssel treiben. Die Himbeerkernchen verbleiben größtenteils im Sieb.

Nun Himbeersaft und Rhabarber-Zuckermasse in einem Topf vermengen und gemeinsam aufkochen lassen, dann bei geringerer Hitze köcheln lassen, bis die Marmelade fertig ist.

Holundergelee

Zutaten: 1 kg Holunderdolden, n. B. Apfelsaft, Schalen von 3 Bio-Äpfeln, Zucker, Wasser.

Zubereitung: Holunderbeeren waschen, die ganzen Dolden mit einem Schuss Apfelsaft oder Wasser in einem großen Topferhitzen, bis die Beeren dampfen, und dann mit einem Kartoffelstampfer die Dolden stampfen, bis alle Beeren von ihren Strünken gelöst sind. Die Strünke entfernen. Die zerdrückten Beeren durch ein Sieb streichen. Den gewonnenen Saft abwiegen, etwas weniger Zucker als Fruchtmasse verwenden.

Auf 500 g Holundersaft 400 g Zucker abmessen. Den Saft zusammen mit dem Zucker und den Apfelschalen kochen, bis er geliert.

Tipp: Holunderbeeren enthalten sehr wenig Pektin, daher ist die Zugabe von pektinreichen Früchten – in diesem Fall die Apfelschalen - bei dieser Marmelade unerlässlich. Als weitere Gelierhilfe kann man auch einige möglichst rote (unreife) Brombeeren dazugeben. Diese gibt man bereits im ersten Arbeitsschritt dazu, sie werden zusammen mit den Holunderbeeren entsaftet.

Holunderblütengelee

Für diesen köstlichen Gelee wählt man Holunderblütendolden aus, die in voller Blüte stehen, also nicht jene, die erst zu blühen beginnen, da der Duft der letzteren noch nicht intensiv genug ist. Die holzigen Teile müssen unbedingt entfernt werden, da sie einen bitteren Geschmack im Gelee bewirken würden.

Zutaten: 2,5 kg bevorzugt saure Äpfel, 20 große Holunderbütendolden, Zucker, Wasser.

Zubereitung: Äpfel vierteln, Kerngehäuse und Schalen nicht entfernen, knapp mit Wasser bedeckt kurz aufkochen, dann abkühlen lassen. In diese Flüssigkeit gibt man nun die sorgsam ausgeschüttelten abgestreiften Holunderblüten (die Stengel, v. a. die holzigen Teile entfernen), und lässt das Ganze abgedeckt über Nacht stehen.

Am nächsten Tag die Flüssigkeit in eine Schüssel durch ein feines Sieb oder ein Tuch abseihen. Die ausgepressten festen Apfelbestandteile und die Blüten werden entsorgt.

Zucker kommt hier in einem 1:1 Verhältnis hinzu. Auf 1 l Saft misst man nun 1 kg Zucker ab.

Den Saft in einen Topf füllen und kurz aufkochen, Zucker dazugeben, einmal aufwallen lassen, bis sich der Zucker gänzlich aufgelöst hat, und dann bei geringerer Hitze weiterköcheln lassen.

Nach 20 bis 30 Minuten ist das Gelee für gewöhnlich fertig, es muss immer wieder mal eine Gelierprobe gemacht werden.

Tipp: Nach Geschmack kann man als Gelee-Grundlage auch Orangen oder Zitronen anstelle der Äpfel nehmen. Anstelle der Holunderblüten lassen sich auch Rosenblüten verwenden.

Johannisbeer-Marmelade, rote und weiße

Rote oder weiße Johannisbeeren, oder eine 4:1 Mischung aus beiden in einen Topf geben (man sollte, muss aber nicht, vorher die Stengel entfernen), mit etwas Wasser erhitzen, bis es dampft und die Beeren aufplatzen. Dann die Früchte mitsamt dem Kochwasser durch ein Sieb in eine Schüssel treiben, bis nurmehr eine feste Fruchtmasse im Sieb zurückbleibt. Diese entsorgen. Mit einem Messer die letzten Fruchtmusreste unter dem Sieb abstreifen und zum passierten Saft geben.

Die so entstandene Flüssigkeit abwiegen und mit ebenso viel Zucker vermengt in einem Topf so lange unter häufigem Rühren kochen, bis die Masse geliert. Ggf. entstehenden Schaum abnehmen und wegschütten, bei Hochwallen den Topf kurz vom Herd ziehen, ggf. die Temperatur eine Stufe herunterschalten.

Die Zubereitung dauert nicht allzu lange, da Johannisbeeren viel Pektin enthalten.

Schwarze Johannisbeer-Marmelade

Schwarze Johannisbeeren waschen, mit einem Schuss Wasser erhitzen, bis die Beeren dampfen, dann mit einem Kartoffelstampfer zum Zerplatzen bringen. Die Beerenmasse durch ein feines Sieb in eine Schüssel treiben, den Saft abwiegen und 1:1 mit Zucker vermengt heiß aufkochen. Danach bei geringerer Hitze köcheln lassen, bis die Marmelade geliert. Da Johannisbeeren viel Pektin enthalten, dauert dies nicht lange.

Schwarze-Johannisbeere-Äpfel-Marmelade

Zutaten: 500 g schwarze Johannisbeeren, 500 g Äpfel, Zucker, etwas Wasser.

Zubereitung: Äpfel und Beeren waschen. Äpfel kleinschneiden, Schalen und Kerngehäuse dran lassen. Nun Apfelstückchen knapp mit Wasser bedecken und ca. 10 Minuten kochen lassen, bis sie weich sind und sich mit der Gabel zerdrücken lassen. Dann kurz die Johannisbeeren dazugeben, bis sie dampfen.

Die Fruchtmasse durch ein Sieb in eine Schüssel streichen, Kerne, Stengelreste und Schalen verbleiben im Sieb. Fruchtmasse 1:1 mit Zucker abmessen, wieder in den Topf geben, Zucker unterrühren. Einmal heiß aufwallen lassen, dann bei geringerer Hitze köcheln, bis die Marmelade geliert.

Schwarze Johannisbeeren-Kirschen-Gelee

Kirsch-Gelee muß mit Johannisbeersaft zum Kochen gebracht werden; man wählt am besten sehr süße reife Schwarzkirschen.

Die Kirschen werden im Verhältnis 4:1 mit Johannisbeeren vermischt und der Saft ausgepresst, den entstandenen Saft lässt man vier Stunden ruhen. Dann seiht man ihn durch ein Sieb, besser durch ein feines Tuch in ein anderes Gefäß ab und wiegt ihn.

Ebenso viel Zucker abwiegen und hinzugeben. Den Saft mit dem Zucker vermengen, eiß aufwallen lassen und dann bei geringerer Hitze solange kochen, bis die Masse geliert. Wenn das Gelee zu hoch aufwallt, kurz vom Herd nehmen und ggf. die Hitze reduzieren. Entstehenden Schaum abnehmen.

Kaki-Marmelade

Für die reine Kaki-Marmelade werden die Früchte geschält und in kleine Stücke geschnitten, abgewogen und 1:1 mit Zucker und einem Schuss Wasser vermengt rasch zu einer sämigen Marmelade eingekocht.

Tipp: Kakis enthalten viel Pektin, daher eignen sie sich gut zum Mischen mit pektinarmen Früchten wie z. B. Mangos oder Bananen.

Kaki-Orangen-Marmelade

Zutaten: Kakis, frischgepresster Orangensaft, Zucker.

Zubereitung: Kakis schälen und kleinschneiden. Die Kakistücke werden knapp mit frischgepresstem Orangensaft bedeckt und einige Minuten gekocht. Dann wird die Masse vom Herd genommen, abgewogen und 1:1 mit Zucker vermengt erneut aufgekocht, danach bei geringerer Hitze geköchelt, bis die Marmelade geliert.

Karotten-Marmelade

Zutaten: I kg Karotten, Saft von 2 Zitronen, Zucker, etwas Wasser.

Zubereitung: Karotten putzen, schälen und in dünne Scheiben schneiden. Mit etwas Wasser bedecken und butterweich kochen, dann mit einem Kartoffelstampfer zerquetschen bzw. durch ein Sieb treiben. Ausgepressten Saft von zwei Zitronen zum Möhrenbrei geben. Die Masse abwiegen und ebenso viel mit Zucker abmessen. Möhrenbrei und Zucker vermengen, einmal heiß aufkochen, damit der Zucker sich löst und dann auf geringerer Stufe kochen, bis die Marmelade geliert.

Kirsch-Marmelade

Variante I

Zutaten: I kg Kirschen, 500 g Zucker, Saft einer halben Zitrone, 2 Bio-Äpfel (nur die Schalen und die Kerngehäuse).

Zubereitung: Kirschen waschen, entkernen und mit den Schalen, den Kerngehäusen der Äpfel (sichtbare Kerne zuvor entfernen) und dem Zucker vermengt 2 Stunden abgedeckt ruhen lassen.

Dann die Apfel-Kerngehäuse entfernen und die Kirschen mitsamt den Apfelschalen ca. 40 Minuten unter häufigem Rühren kochen, bis die Marmelade geliert. Zitronensaft mit in den Topf geben.

Tipp: Kirschen kann man mit einem Kirschenentkerner entkernen, oder indem man sie auf einen passenden dünnen Flaschenhals legt und mit einer dicken Stricknadel mittig durchstößt. Die Kerne fallen dann in die Flasche.

Variante 2

Reife Kirschen waschen, entkernen und entstengeln, mit einem kleinen Schuss Wasser im Topf erhitzen und kochen, bis sie ungefähr auf die Hälfte eingekocht sind. Kirschenmasse zur Seite stellen. Dann Zucker – auf I kg frische Früchte 500 g Zucker – in etwas Wasser zu einem dickflüssigem Sirup einkochen, die Kirschenmasse hinzugeben und stetig umrühren, bis der beim Rühren der Boden des Topfes sichtbar wird.

Kirsch-Orangen-Marmelade

Zutaten: 1 kg Bio-Orangen, 1 kg Sauerkirschen, Saft einer ausgepressten Zitrone, Zucker, Wasser.

Zubereitung: Früchte waschen. Kirschen entsteinen. Orangen schälen, Fruchtfleisch kleinschneiden.

Fruchtfleisch und Schalen nun 10 Minuten mit etwas Wasser sprudelnd kochen, dann die Schalen herausnehmen. Dann die entkernten Kirschen dazugeben und noch einmal 5 Minuten köcheln. Die Fruchtmasse durch ein feines Sieb in eine Schüssel treiben, Kerne und Häute bleiben dabei im Sieb zurück. Den Zitronensaft zur Fruchtmasse hinzu geben. Nun den entstandenen Fruchtsaft 1:1 mit Zucker abwiegen, vermengen und so lange kochen, bis die Marmelade geliert.

In die vorbereiteten heiß durchgespülten Gläser abfüllen.

Kiwi-Marmelade

Die Kerne der Kiwi sind schwer und lassen sich durch bloßes Absetzen leicht aussieben, sie setzen sich wie kieseliger Sand ab.

Für eine leckere Kiwi-Marmelade benötigt man folgende

Zutaten: 6 Kiwis, 2 EL Ananassaft, 1 EL Zitronensaft (frisch gepresst), 1 Apfel und 200 g Zucker.

Zubereitung: Kiwis schälen und kleinschneiden, Apfel entkernen und mitsamt der Schale grob reiben. Kiwi- und Apfelstücke mit einem Schuss Wasser weichkochen und durch ein Sieb treiben. Fruchtmus zusammen mit dem Ananassaft, Zironensaft und dem Zucker wieder in den Topf geben und einmal aufwallen lassen, bis der Zucker ganz gelöst ist. Dann bei geringer Hitze köcheln lassen. Kiwis enthalten viel Pektin, man sollte bereits nach 5 Minuten Kochen die erste Gelierprobe machen.

Tipp: Die Kiwi verliert beim Kochen ihre Farbe und wird gelb. Durch die Zugabe von Zitronensaft behält die Marmelade die hübsche grüne Farbe.

Kornelkirschen-Marmelade

Die Kornelkirsche (auch Herlitze oder Dirlitze genannt) gehört zur Familie der Hartriegelgewächse (gelber Hartriegel). Die leuchtend roten Beeren ergeben eine aromatische Marmelade, die geschmacklich an Preiselbeeren oder Sauerkirschen erinnert. Für diese Marmelade benötigen Sie folgende

Zutaten: 1 kg Beeren, 1 EL Zitronensaft, Zucker, etwas Wasser.

Zubereitung: Beeren waschen, mit einer Tasse Wasser aufkochen, bis sie weich sind, dabei immer wieder umrühren. Dann durch ein feines Sieb in eine Schüssel treiben. Die Kernchen verbleiben im Sieb. Das entstandene dünnflüssige Fruchtmus 1:1 mit Zucker abwiegen. Zucker und Fruchtmus vermengen, Zitronensaft hinzugeben und das Ganze in einem Topf aufkochen, bis der Zucker sich ganz aufgelöst hat. Danach bei geringerer Hitze weiterköcheln, bis die Marmelade geliert.

Kürbis-Marmelade

Zutaten: 1 kg Kürbis, ½ l Wasser, 500 g Zucker, 4 EL Essig.

Zubereitung: Kürbis schälen oder aushöhlen, Kerne und das sie umgebende faserige Mark entfernen. Das Kürbisfleisch kleinschneiden und in etwas Wasser (auf 1 kg Kürbisfleisch 500 ml) weichkochen. Dann durch ein feines Sieb in eine Schüssel schütten und die weichgekochte Kürbismasse durch das Sieb streichen. Den Zucker zur cremigen Kürbismasse hinzugeben, gut verrühren und ca. 1 ½ Stunden einkochen. Kurz vor dem Abfüllen den Essig hinzugeben und gut verrühren.

Kürbis-Äpfel-Marmelade

Zutaten: 1 kg Kürbisfleisch, 3 mittelgroße Äpfel, ½ l Wasser, 1 kg Zucker, 120 ml Essig.

Zubereitung: Äpfel waschen, schälen und kleinschneiden, und mitsamt den Kerngehäusen und den Schalen mit einem Schuss Wasser 10 Minuten weichkochen. Durch ein Sieb in eine Schüssel treiben. Die Schalenstücke entfernen, die Kerne bleiben im Sieb hängen.

Kürbis schälen oder aushöhlen, Kerne und das sie umgebende faserige Mark entfernen. Das Kürbisfleisch kleinschneiden und in etwas Wasser (auf 1 kg Kürbisfleisch 500 ml) weichkochen und pürieren oder mit einem Kartoffelstampfer zerkleinern.

Nun Apfelpüree und Zucker unterrühren und das Ganze ca. 1 ½ Stunden köcheln, bis die Marmelade eine feste musartige Konsistenz hat. Stetig umrühren, damit nichts anbrennt. Erst gegen Ende der Kochzeit den Essig dazugeben. Gelierprobe machen. Dann in saubere heiß ausgespülte Gläser abfüllen.

Tipp: Wer mag, kann diese leckere herbstliche Marmelade noch mit Zimt und Nelken würzen.

Kürbis-Orangen-Marmelade

Zutaten: 2 Bio-Orangen, 1 kg Kürbisfleisch, etwas Wasser, 1 kg Zucker.

Zubereitung: Orangen waschen, schälen (das Weiße gründlich entfernen) und die Orangenspalten würfeln. Schale und Fruchtfleisch in einer Schüssel knapp mit Wasser bedecken. Kürbisfleisch würfeln und den Zucker darüberstreuen. Alles über Nacht stehen lassen.

Am nächsten Tag die Orangen mitsamt der Einweichflüssigkeit 10 Minuten kochen, durch ein Sieb in eine Schüssel abseihen, die Schalen entfernen und die Fruchtstücke durch das Sieb treiben. Fruchtreste wegwerfen.

Die Orangenflüssigkeit mit dem gezuckerten Kürbisfleisch vermengen und bei geringer Hitze einkochen, bis sich eine feste musartige Konsistenz ergibt. Zur Sicherheit kann man auch eine Gelierprobe auf einem Teller machen. Die fertige Marmelade in saubere, heiß ausgespülte Gläser abfüllen.

Litschi-Marmelade

Zutaten: 1 kg Litschis, 2 Orangen, 2 Zitronen, Zucker, etwas Wasser.

Zubereitung: Litschis schälen und entkernen, Orangen und Zitronen auspressen. Litschis, Orangen- und Zitronensaft vermengen und mit einem kleinen Schuss Wasser erhitzen, bis die Litschis dampfen und sich mit der Gabel zerdrücken lassen. Dann die Fruchtmasse durch ein feines Sieb in eine Schüssel treiben. Den aufgefangenen Saft abwiegen und mit derselben Menge an Zucker vermengt erneut aufkochen. Dann bei geringerer Hitze köcheln, bis die Marmelade geliert.

Löwenzahnblütenhonig

Zutaten: 200 g Löwenzahnblüten (etwa 4 Handvoll), 1 Liter Wasser, 1 Bio-Zitrone, 1 kg Zucker.

Zubereitung: Mittags Löwenzahn sammeln, dann kann man sich leicht die schönsten Blüten heraussuchen. Alles Grüne von den Blüten abzupfen und wegwerfen. Die Blüten nun mit dem Wasser in eine Schüssel geben und bis zum Abend ziehen lassen. Dann mitsamt dem Einweichwasser aufkochen, die in Scheiben geschnittene Zitrone dazu geben und das Ganze abgedeckt über Nacht ziehen lassen.

Am nächsten Tag durch ein feines Sieb oder ein Tuch in eine Schüssel abseihen, die Zitronenscheiben auspressen.

Nun den Zucker hinzugeben und das Ganze einmal heiß aufwallen und dann solange köcheln lassen, bis die Konsistenz honigartig ist.

Mango-Marmelade

Zutaten: 2 nicht zu reife Mangos, 400 g Zucker.

Zubereitung: Mangos schälen, Fruchtfleisch abschneiden. Mangofruchtstücke mit einem Schuss Wasser weichkochen und durch ein Sieb treiben. Zucker mit etwas Wasser zu einem dicken Zuckersirup einkochen, Mangomus dazugeben, mehrere Male kurz aufwallen lassen, bis die Marmelade geliert.

Mango-Kiwi-Litschi-Marmelade

Zutaten: 400 g unreife Kiwis, 300 g Litschi, 300 g Mango, Zucker, etwas Wasser.

Zubereitung: Kiwis schälen und in Stücke schneiden, Litschis schälen und entkernen, Mango schälen und Fruchtfleisch in Stücke schneiden. Fruchtstücke mit einem Schuss Wasser aufkochen, bis sie butterweich sind und dann durch ein feines Sieb in eine Schüssel treiben. Die Kiwikerne verbleiben zu einem Großteil im Sieb. Die Fruchtmasse abwiegen und 1:1 mit Zucker vermengt aufkochen, danach bei geringerer Hitze köcheln, bis die Marmelade geliert.

 Maronenmus

Die leckeren Esskastanien eignen sich nicht nur zum so Essen, sondern man kann auch einen köstlichen Brotaufstrich daraus herstellen – eine tolle Alternative zu gekaufter Nuss-Nugat-Creme.

<u>Variante I</u>

Zutaten: I kg Maronen, 200 g Zucker und Wasser.

Zubereitung: Maronen schälen, die geschälten Maronen in einen Topf geben, mit Wasser bedecken und etwa 20 Minuten lang kochen, bis sie weich sind. Wieder abschütten. Nun werden die weichen Maronen durch einen Fleischwolf gedreht, damit man eine <u>Maronenpaste</u> erhält. Diese zur Seite stellen. Nun stellt man in einem Topf bei mittlerer Hitze einen Zuckersirup aus 200 g Zucker und einer Tasse Wasser (ca. 250 ml) her. Wenn der Zucker sich ganz aufgelöst hat und der Sirup klar ist, die Maronenmasse dazugeben und bei geringer Hitze gut weiterrühren. Dabei aufpassen, dass nichts anbrennt. Wenn die Masse braun und dick-cremig ist, in die vorbereiteten Gläser abfüllen.

<u>Variante 2</u>

Zutaten: I kg Maronen, 500 g Zucker (weißer oder brauner), Vanillemark einer Schote (oder 2 TL Vanillezucker), eine Tasse Wasser.

Zubereitung: Maronen schälen. Geschälte Maronen klein hacken. Zucker mit der Vanille vermengen und mit einer Tasse Wasser aufkochen, bis ein klarer Zuckersirup entsteht. Die gehackten Maronen unterrühren und bei geringer Hitze weiterköcheln, bis sich eine dicke Masse ergibt. Falls die Maronen nicht zerfallen, noch einen Schuss Wasser dazugeben. Dann in die vorbereiteten heiß ausgespülten Gläser füllen und sofort verschließen.

Die abgefüllten Gläser kühl und dunkel lagern (z. B. im Kühlschrank) und innerhalb von 6 Monaten verbrauchen.

Tipp: Maronen kreuzweise einschneiden, in einen Topf geben, knapp mit Wasser bedecken und I5 Minuten aufkochen. Danach lassen sich die Schalen viel leichter entfernen.

Maronen-Birnen-Marmelade

Zutaten: 200 g Maronenpaste (Herstellung siehe vorheriges Rezept), 1 kg Bio-Birnen, 500 g Bio-Äpfel, Zucker, Wasser.

Zubereitung: Birnen und Äpfel waschen, schälen und Kerngehäuse herausschneiden, Früchte in kleine Stücke schneiden und beiseite stellen.

Um etwas Pektin zu gewinnen, werden nun die Schalen und Kerngehäuse in einen Topf geben, und mit wenig Wasser 10 Minuten lang geköchelt, und dann durch ein Sieb in eine Schüssel abgeseiht.

Die Fruchtstücke zu der Flüssigkeit geben und abwiegen. Dieselbe Menge an Zucker abwiegen. Die Fruchtmasse, den Zucker und die Maronenpaste in einen Topf geben und unter häufigem Rühren bis zum Siedepunkt erhitzen. Einmal aufkochen lassen und dann bei geringerer Hitze weiterköcheln, bis sich eine cremige Marmelade ergibt.

Maulbeeren-Marmelade

Maulbeeren lassen sich auf dieselbe Art wie Himbeeren zu einer schmackhaften Marmelade verarbeiten.

Zutaten: 500 g Maulbeeren, Zucker, ein Schuss Wasser.

Zubereitung: Früchte waschen, oder tiefgekühlte Früchte nehmen, mit einem Schuss Wasser erhitzen, bis sie weich werden, dann zerstampfen und durch ein Sieb in eine Schüssel treiben. Dabei bleiben auch schon viele Kerne hängen, bei einem sehr feinen Sieb fast alle. Dann das Fruchtmus abwiegen und 1:1 mit Zucker vermengen, aufkochen, dann bei geringerer Hitze weiterköcheln. Dabei stetig umrühren, damit sie nicht anbrennt. Bald die erste Gelierprobe machen, die Marmelade geliert recht schnell.

Melonen-Marmelade

Melonen enthalten wenig Pektin, deswegen muss man sie mit pektinreichen Früchten vermischen, um eine schöne Marmelade zu erhalten.

Für dieses Rezept benötigen Sie folgende

Zutaten: 700 g Melone (die Sorte ist egal), 300 g Bio-Äpfel, den Saft einer Zitrone, Zucker und etwas Wasser.

Zubereitung: Die Äpfel werden gewaschen, geschält, entkernt und in Stücke geschnitten. Die Apfelstücke zu den Melonenstücken geben. Die Apfelschalen und die Kerngehäuse werden nun, knapp mit Wasser bedeckt, ca. 10 Minuten gekocht und dann durch ein Sieb in eine Schüssel getrieben. Die aufgefangene Flüssigkeit wird zu den Apfel- und Melonenstücken gegeben und nun das Ganze in einem Topf für einige Zeit unter häufigem Rühren gekocht, bis die Masse etwas eingedickt ist.

Nun den Topf vom Herd nehmen, die Masse etwas abkühlen lassen, dann abwiegen und 1:1 mit Zucker vermengt wieder auf den Herd stellen. Den Zitronensaft dazugeben. Alles einmal aufwallen lassen und dann bei geringerer Hitze unter stetem Rühren köcheln lassen, bis die Marmelade geliert.

Mehrfrucht-Marmelade mit Kaktusfeigen

Zutaten: 4 kleine Kaktusfeigen, 1 Banane, 1 Nektarine oder Pfirsich, Saft einer Zitrone.
Zubereitung: Kaktusfeigen eine Weile in kaltes Wasser legen, dann lassen sie sich leichter schälen. Kaktusfeigen, Nektarine und Banane in kleine Stücke schneiden und ohne Wasserzusatz kochen, bis sie ganz weich sind und sich zerdrücken lassen. Dann durch ein Sieb treiben, um Kerne und harte Teile rauszufiltern. Dann 1:1 mit Zucker vermengen, Zitronensaft dazugeben, aufkochen, bis die Marmelade geliert. Dies dauert nicht lange. Die angegebene Menge ergibt 1 Glas Marmelade.

Milchkaramell-Konfitüre

Zugegeben – dieser Aufstrich gehört eigentlich nicht zu den Fruchtkonfitüren. Da aber die Zubereitungsart gar nicht so unähnlich ist, drücken wir einfach mal ein Auge zu. Für diesen, in Lateinamerika auch als *Dulce di leche* bekannten Brotaufstrich brauchen Sie im einfachsten Falle lediglich Milch und Zucker.

Variante I

Zutaten: 500ml Vollmilch, 600 g Zucker – ergibt ein Glas.
Zubereitung: Die Milch wird mit dem eingerührten Zucker bei niedriger Stufe über mehrere Stunden geköchelt (dabei immer wieder umrühren), bis die Konsistenz cremig und die Farbe karamellbraun ist. Im Kühlschrank lagern.

Variante 2

Zutaten: 500 ml Milch (halb Vollmilch, halb 10% Kondensmilch), 250 g Zucker, 1 TL Vanillezucker, 1 EL Butter oder Margarine – ergibt ein Glas.

Zubereitung: Zucker und Vanillezucker mit einer kleinen Prise Salz vermengen. Butter in einen Topf geben und schmelzen lassen. Zuckergemisch hinzu geben und gut verrühren. Dann das Milchgemisch hineingeben und gut verrühren, bis der Zucker sich vollkommen gelöst hat. Nun ca. 40 Minuten auf kleiner Flamme köcheln lassen, dabei häufig umrühren.

Wenn die Konsistenz cremig ist, ist die Milchkaramell-Konfitüre fertig.

Mirabellen-Marmelade

Reife Mirabellenpflaumen reinigen und entkernen, in einen Topf geben und bei gelinder Hitze weich werden lassen. Dann durch ein Sieb streichen. Die Fruchtmasse darauf ca. 15 min erhitzen, um Flüssigkeit zu verdampfen.

Auf 500 g Fruchtmasse 300 g Zucker abwiegen. Zucker gut mit der Fruchtmasse verrühren und aufkochen lassen, bis die Marmelade geliert.

Reineclaude-Pflaumen werden grün geerntet und wie Mirabellen gekocht, aber nicht so lange, damit sie ihre Farbe nicht verlieren.

Mispel-Marmelade

Die auch unter dem Namen Steinapfel bekannten Apfelfrüchte werden gegen Ende Oktober, Anfang November reif. Die vollreifen Früchte werden nach dem ersten Frost geerntet und noch einige Tage liegen gelassen, bis sie weich und teigig sind. Für dieses Rezept benötigen Sie folgende

Zutaten: Mispeln, Zucker, etwas Zitronensaft, etwas Wasser, etwas Apfel-Direktsaft.

Zubereitung: Früchte abwiegen, dieselbe Menge Zucker bereitstellen. Mispeln waschen, Stielansatz entfernen, Fruchtmark aus der Schale herausdrücken. Das Fruchtmark dann mit etwas Apfel-Direktsaft aufkochen, die Masse durch ein Sieb in eine Schüssel treiben (die Kerne verbleiben im Sieb), den Schüsselinhalt abwiegen und 1:1 mit Zucker abwiegen. Dann die Fruchtmasse wieder erhitzen, etwas Zitronensaft und den abgewogenen Zucker unterrühren, und wenn dieser sich gut aufgelöst hat, bei geringerer Hitze weiterkochen, bis die Marmelade geliert.

Nektarinen-Marmelade

Nektarinen sind pektinarme Früchte, um eine sämige Marmelade herzustellen, braucht es daher die Zugabe von pektinreichen Früchten. Gut eignen sich rote oder weiße Johannisbeeren, Himbeeren oder Äpfel.

Zutaten: 500g Nektarinen, 250 g Johannisbeeren oder Himbeeren, Zucker, Wasser.

Zubereitung: Nektarinen waschen, entkernen, Fruchtfleisch kleinschneiden. Beeren waschen. Beeren und Nektarinenstücke mit etwas Wasser erhitzen, bis die Früchte dampfen und weich werden. Mit einem Kartoffelstampfer durchstampfen. Dann das Fruchtmus durch ein feines Sieb in einer Schüssel streichen. So lange durch das Sieb arbeiten, bis die austretende Flüssigkeit beginnt geleeartig zu werden und der im Sieb verbleibende Rest trockener erscheint.

Den aufgefangenen Saft I:I mit Zucker abwiegen, in einen Topf geben, einmal heiß aufwallen lassen und dann auf kleiner Flamme weiterköcheln lassen, bis die Marmelade geliert.

Orangen-Gelee

wird genau wie Zitronen-Gelee zubereitet.

Orangen-Marmelade

Orangen-Marmelade wird ganz ähnlich wie Zitronen-Marmelade hergestellt:

Zutaten: 1,5 kg Bio-Orangen, bevorzugt Bitterorangen (auch Pomeranzen oder Sevilla-Orangen genannt), I, 5 l Wasser, ca. 2 kg Zucker, ggf. I Prise Salz.

Zubereitung: Orangen waschen, halbieren. Äußerste Schale dünn (nach Möglichkeit ohne das Weiße, außer man mag es bitter) abschneiden, zur Seite stellen. Die weiße Haut der Orangen gründlich entfernen. Die Orangenspalten in Stücke schneiden, in einer großen Porzellanschüssel mit 1 ¼ l Wasser übergießen und an einen kühlen Ort stellen.

Diejenigen, die gerne Orangenschalenstücke in der fertigen Marmelade haben möchten, können nun die Orangenschalenstücke in feine Streifen schneiden, je nach Belieben ein Viertel der Menge, die Hälfte oder auch die gesamte Schale. Die kleingeschnittenen Schalenstücke mit dem restlichen ¼ l Wasser übergießen und in einer Schüssel kalt stellen.

Die ggf. übriggebliebene Schale in die andere Schüssel zu den kleingeschnittenen Orangenspalten geben.

Die Schüsseln nun 24h ruhen lassen, zumindest aber über Nacht.

Am nächsten Tag die große Schüssel mit den Orangenspalten mitsamt dem Einweichwasser in einen großen Topf geben und ca. eine Dreiviertelstunde auf kleiner Flamme ohne Deckel köcheln lassen. Dann den Topf über ein Sieb in eine Schüssel ausgießen, die Flüssigkeit durch das Sieb auspressen, bis im Sieb nur noch ein wenig trockene Reste, Kerne usw. übrigbleiben. Das unter dem Sieb haftende sämige Mus unter mit einem Messer abkratzen und zum ausgesiebten Saft geben. Die im Sieb verbliebenen Fruchtreste entsorgen.

Die Fruchtmasse wieder in den Topf zurückgeben, die fein geschnittenen Schalenstücke mitsamt dem Einlegewasser dazugeben.

Die Masse wiegt nun ca. 2 kg, und es kommen nun noch 2 kg Zucker und ggf. eine Prise Salz (das nimmt ein wenig Bitterkeit weg) hinzu.

Ca. 5 Minuten kochen, dann immer wieder Gelierprobe auf einem Teller machen.

Orangen-Karotten-Marmelade

Zutaten: Saft von 8 Orangen, 250 ml Karottensaft, Saft einer Zitrone, Zucker.
Zubereitung: Orangen auspressen und den Saft mit dem Karotten- und Zitronensaft vermengen, abwiegen und ebenso viel Zucker abmessen. Saft im Topf bis zum Siedepunkt erhitzen, Zucker einrühren und einmal aufwallen lassen, bis sich alles aufgelöst hat. Dann bei geringerer Hitze köcheln, bis die Marmelade geliert.

Paprika-Marmelade

Diese pikante Marmelade eignet sich gut als Beilage zu deftigen Gerichten, zu Käse oder beim Grillen. Sie ist allerdings wegen der relativ geringen Zuckermenge nur ein paar Monate haltbar und sollte nach Möglichkeit im Kühlschrank gelagert werden.

Zutaten: 1 kg Bio-Paprika, 200 ml weißer Balsamico-Essig, 450 g Zucker, 1 TL Salz, nach Belieben etwas Chilipulver oder eine halbe rote Chilischote.

Zubereitung: Paprika waschen, entkernen und zu kleinen Würfeln schneiden. Wer es scharf mag, kann eine halbe Chilischote hacken und dazugeben oder eine Prise Chilipulver. Paprikastücke mit dem Salz bestreuen und über Nacht abgedeckt stehen lassen.

Am nächsten Tag etwa die Hälfte der entstandenen Flüssigkeit abschütten, die Paprika nun mit dem Essig und dem Zucker vermengen und in einem Topf bei geringer Hitze unter häufigem Rühren so lange kochen, bis die Masse eingedickt ist. Nach etwa einer Stunde sollte die Paprikamarmelade fertig sein und kann in die vorbereiteten heißen Gläser abgefüllt werden. Sofort verschließen.

Passionsfrucht- Orangen-Marmelade

Zutaten: 500 g Passionsfrucht, 1 kg Bio-Orangen, Zucker, Wasser.

Passionsfrüchte halbieren und das Fruchtfleisch mit einem Löffel herauskratzen. Beiseite stellen. Orangen waschen, schälen, dabei das Weiße gründlichst entfernen. Orangen-Fruchtfleisch klein schneiden. Nun die Orangenstücke mit einem Schuss Wasser in einen Topf geben und ca. 10 Minuten erhitzen, bis sie dampfen und sich leicht zerstampfen lassen. Das Passionsfruchtfleisch hinzugeben, und den Topfinhalt dann durch ein feines Sieb in eine Schüssel streichen. Kerne, Häute usw. verbleiben im Sieb. Den aufgefangenen Saft 1:1 mit Zucker abwiegen und wieder in dem Topf auf den Herd bringen. Unter Rühren kurz aufwallen lassen, dann bei geringerer Hitze weiterköcheln lassen, bis die Marmelade geliert.

Tipp: Man kann die Passionsfrucht auch durch Maracuja ersetzen.

Pfirsich-Marmelade

Die entkernten noch etwas unreifen Pfirsiche werden zerrieben und mit dem gleichen Gewicht an Zucker eingekocht. Die Pfirsich-Marmelade zeichnet sich durch einen schwach bitteren, aber angenehmen Geschmack aus.

Pfirsich-Maracuja-Marmelade

Zutaten: 7 Pfirsiche, 5 Maracujas, 3 Bio-Orangen, I Bio-Zitrone, Zucker Wasser.
Zubereitung: Pfirsiche waschen, häuten und entkernen, Fruchtfleisch in kleine Stücke schneiden. Maracuja-Fruchtfleisch mit einem Löffel auskratzen, Orangen und Zitronen waschen, halbieren und den Saft auspressen. Saft beiseite stellen.
Nun die Schalen der Orangen und Zitronen knapp mit Wasser bedecken und ca. IO Minuten kochen, Maracuja kurz dazugeben, dann die Flüssigkeit durch ein feines Sieb in eine Schüssel abseihen. Die Schalen nach dem Abkühlen gründlich auspressen und dann wegwerfen, die Maracuja durch das Sieb treiben, sodass die Kerne im Sieb zurückbleiben.
Nun die gewonnene Flüssigkeit mit dem beiseite gestellten Orangen- und Zitronensaft vermengen, die Pfirsichstücke hinzugeben und das Ganze I:I mit Zucker abwiegen.
Die Fruchtmasse in einen Topf geben, bis zum Siedepunkt erhitzen, den Zucker unterrühren, bis er sich gänzlich aufgelöst hat, und die Marmelade dann solange kochen, bis sie bei der Gelierprobe im erkalteten Zustand die gewünschte Konsistenz zeigt. Die Zitronen und Orangen sorgen hierbei für das Gelieren.
Tipp: Die Pfirsiche lassen sich leicht häuten, wenn man die Schale anritzt, die Pfirsiche für 20 Sekunden erst in heißes Wasser taucht und sie dann mit kaltem Wasser abschreckt.

Pflaumen-Marmelade

Man wählt möglichst reife Pflaumen, schält und entkernt dieselben.
Um die Früchte rasch zu schälen, taucht man die Pflaumen einige Augenblicke in kochendes Wasser, wodurch die Haut von den Fruchtteilen so gelockert wird, daß man,

wenn man die Frucht zwischen Daumen und Zeigefinger drückt, das Fleisch heraus-drücken kann.

Nach dem Schälen werden die Früchte entkernt und mit der halben Gewichtsmenge Zucker (z. B. auf I kg Fruchtmasse ½ kg Zucker) bei leichter Hitze kochen lassen, bis man beim Umrühren den Boden sehen kann.

Nach Belieben kann man die Marmelade mit etwas Zimt würzen.

Pflaumenmus (Powidl)

Leckeres Pflaumenmus kann man ganz einfach selber machen. Auf I kg Früchte kommen gerade einmal 200 g Zucker und idealerweise noch I oder 2 ganze Walnüsse (mit der grünen Schale außenherum).

Pflaumenmus wird für gewöhnlich im Backofen zubereitet. Dazu wird der Ofen auf I50 Grad vorgeheizt, in der Zwischenzeit werden die Pflaumen gewaschen und entsteint. Die Pflaumen und ggf. die Walnüsse werden in eine Auflaufform gefüllt und mit etwas Zucker bestreut, und kommen dann auf der unteren Schiene in den Ofen. Einen Koch-löffel in die Backofentüre klemmen, damit sie ein wenig offen stehen bleibt. Alle halbe Stunde ein wenig Zucker über die Pflaumen streuen und ein wenig nach unten drücken. Insgesamt kann das Backen des Pflaumenmuses 4 bis 5 Stunden dauern. Wenn das Mus fest und sämig ist, ist es fertig. Aus dem Ofen nehmen, die Walnüsse entfernen und das Mus heiß in die vorbereiteten Gläser füllen.

Pflaumen-Walnuß-Marmelade

Zutaten: I kg reife Pflaumen, 100 g geschälte Walnüsse, 400 g Zucker, I EL Zitro-nensaft

Zubereitung: Walnüsse hacken und ohne Fettzugabe in einer Pfanne anrösten, dabei aufpassen, dass sie nicht anbrennen.

Pflaumen waschen, entsteinen und vierteln, mit dem Zucker und dem Zitronensaft vermengen und zwei Stunden ruhen lassen.

Dann die Masse in einen Topf geben, Nüsse dazugeben, und das Ganze unter stetem Rühren bei geringer Hitze köcheln, bis sich ein festes Mus ergibt.

Tipp: Anstelle der Walnüsse können auch Haselnüsse verwendet werden.

Preiselbeeren-Marmelade

Eine leckere feinherbe Marmelade, die hervorragend zu gebackenem Camembert und Wildgerichten passt. Sie ist erfreulich einfach und schnell herzustellen.

Zutaten: 500g Preiselbeeren, 300 g Zucker, etwas Wasser.

Zubereitung: Die Preiselbeeren waschen und mit einem Schuss Wasser aufkochen. Zucker dazugeben.

Diese Marmelade braucht nicht lange zu kochen, die Gläser daher besser schon gleich mit heißem Wasser ausgespült bereitstellen.

Quitten-Gelee

Quitten-Gelee wird wie Apfel-Gelee zubereitet.

Quitten-Marmelade

Variante I

Diese Marmelade wird wie Apfel-Marmelade bereitet, nur werden die Quitten nicht geschält, weil in ihren Schalen ein wohlriechendes Öl sitzt, welches der Marmelade einen wunderbaren Duft verleiht.

Zubereitung: Quitten durchschneiden, entkernen, in Wasser weichkochen. Die weichen Quittenstücke durch ein Haarsieb treiben. Das entstandene Mus abwiegen. Auf 1 kg Quittenbrei kommen 750 g Zucker.

Fruchtmus und Zucker in einem Topf vermengen, aufkochen, bis der Zucker sich ganz aufgelöst hat und dann bei geringerer Hitze köcheln, bis die Marmelade geliert.

Tipp: Wenn man den Zucker nicht direkt dazugibt, sondern zuerst in etwas Wasser zu Sirup kocht, ihn dann unter das Quittenmus zieht und noch einmal aufkochen lässt, wird die Marmelade klarer.

Variante 2

Quitten waschen, entkernen und schälen, das Fruchtfleisch kleinschneiden und beiseite stellen. Die Schale kleinschneiden und mitsamt den Kerngehäusen in Wasser weichkochen und durch ein Tuch ausdrücken. Die Schalen herausnehmen und in feine Streifen schneiden, die Kerngehäuse entfernen.
Im aufgefangenen Saft die kleingeschnittenen Quittenstückchen kochen. Durch ein Sieb treiben. Das erhaltene Fruchtmus abwiegen. Auf 1 kg Mus kommen 750g Zucker.
Zucker in etwas Wasser auflösen und zu einem Zuckersirup einkochen, bis er beginnt, Fäden zu ziehen. Dann das Fruchtmus und die kleingeschnittenen Schalenstreifen dazugeben. Ungefähr eine Viertelstunde unter stetem Rühren kochen lassen, dan die erste Gelierprobe machen.

Reineclaude-Marmelade

wird wie Pflaumen-Marmelade hergestellt, doch wegen des geringeren Zuckergehaltes wiegt man auf 4 Teile Reineclauden 3 Teile Zucker ab, also 750 g Zucker auf 1kg Früchte.

Rhabarber-Marmelade

Variante 1

Rhabarber schälen und in kleine Stücke schneiden, abwiegen. Dieselbe Menge an Zucker hinzugeben und das Ganze über Nacht gut vermengt in einer Schüssel abgedeckt stehen lassen. Am nächsten Tag die Rhabarber-Zuckermasse im offenen Topf mit mittlerer Hitze einkochen, bis sich eine sämig-dicke Masse ergibt. Dabei gut umrühren, damit die Marmelade nicht anbrennt.

Variante 2

Zutaten: 1 kg Rhabarber, 400 g Zucker, 1 Bio-Orange, etwas Wasser.
Zubereitung: Rhabarber schälen und in kleine Stücke schneiden. Mit dem Zucker bestreut über Nacht stehen lassen. Orange waschen, auspressen, entkernen und äußerste

Schale abreiben, alles in eine Schüssel geben und knapp mit Wasser bedecken. Ebenfalls abgedeckt über Nacht stehen lassen.

Am nächsten Tag die Orangenflüssigkeit und die Orangenstücke in einen Topf geben und 10 Minuten köcheln, dann durch ein Sieb in eine Schüssel abseihen und die Orangenschalen auspressen. Die Orangenflüssigkeit zusammen mit der Rhabarber-Zuckermasse in einen Topf geben, gut verrühren und einmal kräftig aufkochen, danach weiter köcheln lassen, bis die Marmelade geliert.

Rosen-Marmelade

Die duftende Rosenmarmelade ist besonders in Osteuropa und im Orient sehr beliebt. Man benötigt dafür folgende

Zutaten: 130g Blütenblätter ungespritzter aromatisch duftender Rosen Rosen, 1 kg Zucker, Saft von einer halben Zitrone, Wasser.

Zubereitung: Die Blütenblätter abzupfen, waschen, in ein Sieb geben und gut abtropfen lassen. Dann mit dem Zitronensaft beträufeln, und mit möglichst wenig kochendem Wasser übergießen, bis gerade eben die Blätter bedeckt sind. Über Nacht abgedeckt ziehen lassen.

Am nächsten Tag den Zucker in einen Topf geben, mit Wasser bedecken und zu einem Sirup einkochen. Dann die Rosenblätter mitsamt der Einweichflüssigkeit dazugeben und bei geringer Hitze köcheln. Nach fünf Minuten erstmals Gelierprobe machen, ggf. noch länger köcheln.

Sanddorn-Marmelade

Zutaten: 1 kg Sanddornbeeren, etwas Wasser und 1 kg Zucker.

Zubereitung: Sanddornbeeren waschen und im Topf mit einem guten Schuss Wasser erhitzen, bis sie schön weich sind. Dann durch ein feines Sieb in eine Schüssel treiben. Kerne und Häute verbleiben im Sieb. Das aufgefangene Sanddornmus wird nun 1:1 mit Zucker vermengt und kurz aufgekocht, damit der Zucker sich auflösen kann. Dann bei geringerer Hitze weiterköcheln, bis die Marmelade bei der Gelierprobe eine dicksämige Konsistenz zeigt.

Sanddorn-Orangen-Marmelade

Zutaten: 500 ml Sanddornsaft, 8 Bio-Orangen, Zucker, Wasser, ggf. eine Prise Salz.

Zubereitung: Orangen schälen, alles Weiße gründlich entfernen und die Orangenspalten in Stücke schneiden. Die Fruchtstücke im Sanddornsaft unter Zugabe von etwas Wasser weichkochen, dann durch ein feines Sieb in eine Schüssel treiben. Etwaige Häute und Kerne verbleiben im Sieb. Nun die Masse 1:1 mit Zucker abwiegen und vermengen und das Ganze einmal aufwallen lassen, bis der Zucker sich aufgelöst hat. Dann bei geringerer Hitze weiterköcheln lassen, bis die Marmelade geliert.

Da sowohl Orange als Sanddorn pektinreiche Früchte sind, wird es nicht allzu lange dauern. Falls die Marmelade zu bitter ist, eine Prise Salz hinzugeben.

Tipp: Man kann anstelle des Saftes auch eine entsprechende Menge an frischen Sanddornbeeren verwenden. Diese werden unter Zugabe von einer Tasse Wasser erhitzt, bis sie dampfen und aufzuplatzen beginnen. Dann werden sie durch ein feines Sieb in eine Schüssel getrieben, die Kerne verbleiben auf diese Weise im Sieb.

Sauerkirsch-Walnuß-Marmelade

Zutaten: 700 g entsteinte Sauerkirschen, 3 Bio-Orangen, 250 g gehackte und fettfrei geröstete Walnüsse, 1 kg Zucker

Zubereitung: Orangen waschen, schälen, das Weiße gründlich entfernen und die Frucht in kleine Stücke schneiden. Diese dann mitsamt der Schale knapp mit Wasser bedeckt für 10 Minuten kochen lassen. Topf vom Herd nehmen, die Masse abkühlen lassen, Schale herausnehmen und die Fruchtmasse durch ein feines Sieb in eine Schüssel treiben. Orangenmasse gründlich auspressen.

Kirschen waschen und entsteinen. Walnüsse schälen, hacken und in einer Pfanne ohne Fettzugabe unter stetem Rühren anrösten.

Zucker mit einer Tasse Wasser aufkochen, bis ein Zuckersirup von honigartiger Konsistenz entsteht. Nun die Kirschen, den Orangensaft und die gehackten Walnüsse unterrühren und die Masse weiterköcheln, bis die Marmelade geliert.

Schlehengelee

Zutaten: Schlehen, Äpfel, Zucker, Zitronensaft, Wasser. Auf 1 kg Schlehen nimmt man 500g säuerliche Äpfel und 1 ½ Zitronen.

Zubereitung: Äpfel schälen und in kleine Stücke schneiden, Kerngehäuse herausschneiden. Zitrone auspressen, Saft beiseite stellen. Nun die Zitronenschale, die Apfelstücke nebst der Apfelschale und den Kerngehäusen in etwas Wasser (es sollte die Früchte knapp bedecken) ca. 10 Minuten kochen. Dann durch ein feines Sieb in eine Schüssel abseihen. Schalen auspressen und wegwerfen, Apfelstücke durch das Sieb treiben.

Nun werden die Beeren gewaschen und mit einem Schuss Wasser gekocht, bis sie dampfen und aufzuplatzen beginnen. Dann ebenfalls durch ein Sieb treiben. Den Zitronen-Apfelsaft mit dem Schlehensaft vermischen und 1:1 mit Zucker abwiegen. Saft und Zucker gut vermengen und kochen, bis die Masse geliert. Wenn das Gelee hochkocht, vom Herd ziehen, ggf. Schaum abschöpfen.

Tipp: Schlehen nach dem ersten Frost ernten, dann sind sie bekömmlicher. Alternativ kann man sie auch für 2 Tage in die Gefriertruhe geben.

Schlehen-Äpfel-Marmelade

Zutaten: Schlehen und eine gleiche Gewichtsmenge an Äpfeln, außerdem Zucker und etwas Wasser.

Zubereitung: Früchte waschen. Äpfel schälen und in kleine Stücke schneiden, Kerngehäuse herausschneiden. Nun mitsamt der Schale und den Kerngehäusen in etwas Wasser aufkochen, Schlehen dazugeben. Wenn Schlehen und Äpfel weich sind, durch ein feines Sieb in eine Schüssel treiben. Die harten Teile und Kerne verbleiben im Sieb. Das entstandene Fruchtmus wiegt man 1:1 mit Zucker ab, vermengt es und kocht die Marmelade, bis sie geliert.

Stachelbeer-Marmelade

Noch nicht ganz gereifte Beeren waschen und Stengel entfernen, Beeren in Wasser (ca. 500 ml Wasser auf 1 kg Früchte) weichkochen (das kann bis zu zwei Stunden dauern) und dann durch ein Sieb treiben. Dabei bleiben die Schalen und Kerne im Sieb zurück. Die Masse abwiegen und dieselbe Menge Zucker hinzugeben, beides zusammen einkochen, bis die Marmelade geliert.

Stachelbeeren-Rote Johannisbeeren-Gelee

Stachelbeeren und Johannisbeeren waschen und in einem Topf mit etwas Wasser erhitzen, bis sie dampfen und aufzuplatzen beginnen. Dann mit einem Kartoffelstampfer zerdrücken, und durch ein feines Sieb in eine Schüssel treiben, bis nur noch wenig sämiger Saft austritt. Die trockenen Reste fortwerfen. Den Fruchtsaft 1:1 mit Zucker abwiegen, beides zusammen in einen Topf geben, einmal heiß aufwallen lassen, bis sich der Zucker vollständig aufgelöst hat, und dann bei geringerer Temperatur köcheln lassen, bis die Masse geliert.

Vogelbeer-Apfel-Karamell-Marmelade

Viele glauben, Vogelbeeren seien giftig, dabei stimmt das nicht. Die rohen Früchte der Vogelbeere (oder Eberesche) schmecken zwar bitter und der Verzehr kann zu Magenproblemen führen – verarbeitete Vogelbeeren dagegen sind bekömmlich und gesund. Wenn man die Vogelbeeren 24 Std. lang einfriert, verlieren sie zudem viel von ihren Bitterstoffen. Oder man wartet mit der Ernte einfach bis nach dem ersten Frost. Vor der Ernte sollte man jedoch eine Beere probieren – ist sie nur herb oder extrem bitter? Für die Marmelade sind herbe, nicht zu bittere Früchte besser geeignet.

Zutaten: Man benötigt eine gleiche Menge an Vogelbeeren und Äpfeln, Zucker, Wasser.

Zubereitung: Beeren waschen, Äpfel schälen und in kleine Stücke schneiden. Beides mit einem Schuss Wasser in einen Topf geben und aufkochen, bis die Vogelbeeren weich sind und sich zerdrücken lassen. Dann die Fruchtmasse durch ein Sieb treiben, das entstehende Mus in einer Schüssel auffangen. Fruchtmasse abwiegen, ebenso viel Zucker abwiegen. Zucker mit etwas Wasser in einen Topf geben, erhitzen, bis das Wasser verdampft und der Zucker zu karamellisieren beginnt. Dann das Fruchtmus dazugeben und gut verrühren. Nach wenigen Minuten die erste Gelierprobe machen.

Waldfrucht-Marmelade Beerenmix

Gemischte Beeren, nach Belieben Himbeeren, Brombeeren, Johannisbeeren, Heidelbeeren usw. waschen, mit einem Schuss Wasser erhitzen, bis sie dampfen und sich leicht zerdrücken lassen. Dann die weichen Beeren durch ein feines Sieb in eine Schüssel treiben, bis sich nurmehr eine geleeartige Masse herausdrücken lässt. Dann den gewonnenen Beerensaft abwiegen und 1:1 mit Zucker vermengen. Den Zucker-Beerensaft in einem Topf auf den Herd stellen, aufwallen lassen, damit der Zucker sich ganz auflöst und dann bei geringerer Hitze köcheln lassen, bis die Marmelade geliert.

Waldmeister-Gelee

Zutaten: 2,5 kg bevorzugt saure Äpfel, 25 g Waldmeister, Zucker, Wasser, ggf. Zitronensaft.

Zubereitung: Für die Herstellung eines leckeren Waldmeistergelee braucht es etwas Zeit. Man beginnt die Zubereitung mit einem Spaziergang in den Wald, um Waldmeister zu ernten. Der Waldmeister muss im April/Mai vor der Blüte geerntet werden, bereits blühende oder verblühte Pflanzen sind nicht mehr geeignet.

Waldmeister über Nacht anwelken lassen, indem man ihn ausbreitet oder wie ein Kräuterbündel aufhängt.

Am nächsten Tag die Äpfel mitsamt Kerngehäuse und Schalen kleinschneiden, knapp mit Wasser bedeckt kurz aufkochen, den Waldmeister hacken, zu der Apfelmasse geben und das Ganze abgedeckt über Nacht stehen lassen.

Am folgenden Tag die Flüssigkeit in eine Schüssel durch ein feines Sieb oder ein Tuch abseihen. Die ausgepressten festen Bestandteile werden entsorgt. Zucker kommt hier in einem 1:1 Verhältnis hinzu. Auf 1 l Saft misst man 1 kg Zucker ab.

Den Saft in einen Topf füllen und kurz aufkochen, Zucker dazugeben, einmal aufwallen lassen, bis sich der Zucker gänzlich aufgelöst hat, und dann bei geringerer Hitze weiterköcheln lassen.

Nach 20 bis 30 Minuten ist das Gelee für gewöhnlich fertig, es muss immer wieder mal eine Gelierprobe gemacht werden. Wenn es nicht so richtig gelieren will oder zu süß ist, etwas Zitronensaft hinzugeben.

Hinweis: Waldmeister enthält viel *Cumarin* (oft mehr als ein Prozent in der Trockenmasse), welches in größeren Mengen genossen eine toxische Wirkung hat. Als täglich tolerierbare Menge gibt das Bundesinstitut für Risikobewertung einen Wert von 0,1 Milligramm pro Kilogramm Körpergewicht und Tag an.

Weintrauben-Gelee

Variante 1

Ein Drittel unreife und zwei Drittel reife Weintrauben verwenden. Die unreifen sauren Beeren enthalten mehr Pektin und bewirken das Gelieren, während die reifen Beeren für den vollmundigen Geschmack sorgen.

Weintrauben mit einem Schuss Wasser erhitzen, bis sie dampfen und die Beeren aufzuplatzen beginnen. Dann durch ein feines Sieb treiben, die Flüssigkeit in einer Schüssel auffangen. Über Nacht abgedeckt und kühl stehen lassen.

Am nächsten Tag den Traubensaft noch einmal durch ein Tuch abseihen. Saft abwiegen und ebenso viel Zucker abmessen.

Den Traubensaft wieder in einen Topf geben, auf den Herd stellen und bis zum Siedepunkt erhitzen, dann den Zucker einrühren. Gut verrühren, bis der Zucker sich ganz aufgelöst hat. Nun bei geringerer Hitze etwa 20 Minuten lang köcheln, bis das Gelee geliert.

Variante 2

Zutaten: 1 kg Weintrauben, 750 g Zucker.

Zubereitung: Unreife (saure) Weintrauben mit ein wenig Wasser erhitzen, damit sie weich werden, dann den Saft einer Zitrone hinzugeben und den Topf zugedeckt bei geringer Hitze ziehen lassen, bis keine Flüssigkeit mehr den Boden bedeckt. Dann durch ein Sieb in eine Schüssel passieren, worauf man einen dünnflüssigen Brei erhält. Diese kocht man wiederum ein, bis ca. ein Drittel verdampft ist.

Dann wiegt man den Zucker ab und kocht diesen mit etwa einem halben Liter Wasser zu einem zähflüssigen Sirup ein. Dazu gibt man das Traubenmus und kocht unter stetem Rühren so lange, bis es geliert.

Weißdorn-Marmelade

Weißdorn-Marmelade stellt man wie Hagebutten-Marmelade her.
Die Weißdornbeeren werden im Spätherbst nach dem ersten Frost geerntet, vorher schmecken sie zu bitter.
Die Früchte werden in etwas frisch gepresstem Orangensaft oder Apfel-Direktsaft gekocht, durch ein Sieb gestrichen und 1:1 mit Zucker vermengt zu einer sämigen Marmelade eingekocht.

Wildfrucht-Marmelade mit Bucheckern

Zutaten: 1 kg gemischte Beeren aus Blaubeeren, Brombeeren, Hagebutten, Holunder, Sanddorn, Walderdbeeren, Schlehen oder Weißdornbeeren (wobei die beiden letzteren für 2 Tage eingefroren werden sollten, damit sie ihre Bitterkeit verlieren), eine Handvoll fettfrei geröstete und gehackte Bucheckern.
Zubereitung: Die Beeren waschen, knapp mit Wasser bedeckt kurz aufkochen und über Nacht mit dem Kochwasser bedeckt ziehen lassen. Am nächsten Tag mit dem Kochwasser erneut aufkochen, bis die Beeren weich sind. Dann durch ein Sieb in eine Schüssel streichen, Fruchtmasse gut auspressen.
Bucheckern schälen und trocken in einer Pfanne rösten, dabei aufpassen, dass sie nicht anbrenne.
Das dünnflüssige Fruchtmark 1:1 mit Zucker abwiegen und erneut auf den Herd bringen. Einmal heiß aufwallen lassen, damit der Zucker sich ganz auflöst. Bucheckern hinzugeben und nun bei geringerer Hitze weiterköcheln lassen, bis die Marmelade geliert.
Tipp: Bucheckern vor dem Schälen in einen Topf mit heißem Wasser geben (die leeren Schalenhülsen schwimmen oben und können abgeschöpft werden), dann durch ein Sieb abseihen. Nun lassen sich die Schalen leicht entfernen.

Wildkirschen-Marmelade

Die wildwachsenden, bittersüß-würzigen Kirschen (auch als „Vogelkirschen" bekannt) lassen sich hervorragend zu Marmelade verarbeiten.

Zutaten: 500 g Kirschen, 600 g ungespritzte möglichst saure Äpfel, I EL Zitronensaft, Zucker, Wasser, I Prise Salz.

Zubereitung: Kirschen waschen und entsteinen. Äpfel waschen und mitsamt den Kerngehäusen kleinschneiden, in einen Topf geben, knapp mit Wasser bedecken und eine Viertelstunde (oder länger) kochen, bis die Äpfel weich sind. Dann die Äpfel durch ein Sieb treiben und den entstehenden Apfelsaft in einer Schüssel auffangen.

Nun die Kirschen zum hergestellten Apfelsaft geben und abwiegen. Ebenso viel Zucker abwiegen. Zucker in die Kirsch-Apfelmasse geben und das Ganze in einem Topf bis zum Siedepunkt erhitzen, dabei gut umrühren, bis der Zucker sich aufgelöst hat. Zitronensaft hinzugeben. Nun bei geringerer Temperatur köcheln, bis die Marmelade geliert.

Tipp: Eine Prise Salz nimmt der Marmelade etwas die Bitterkeit.

Zitronen-Gelee

ist Apfel-Gelee, zu deren Herstellung die Äpfel mit Zitronenschalen gekocht, sodann unter Zusatz von Zitronensaft zu Gelee verkocht werden.

Zitronen-Marmelade

Zutaten: 1,5 kg Zitronen, I ½ l Wasser, ca. 2 kg Zucker, I Prise Salz.

Zubereitung: Zitronen waschen, halbieren. Gelbe Schale dünn abschneiden, zur Seite stellen. Die weiße Haut der Zitronen abschälen, das geht am besten von oben nach unten in Richtung Schnittstelle. Ein bisschen darf dranbleiben, für einen leicht bitteren Geschmack. Die abgeschnittene weiße Haut wegwerfen, die Zitronenspalten in Stücke schneiden und in einer großen Porzellanschüssel mit I ¼ l Wasser übergießen und an einen kühlen Ort stellen.

Diejenigen, die gerne Zitronenschalenstücke in der fertigen Marmelade haben möchten, können nun die gelben Zitronenschalenstücke in feine Streifen schneiden, je nach

Belieben ein Viertel der Menge, die Hälfte oder auch die gesamte Schale. Die kleingeschnittenen Schalenstücke mit dem restlichen ¼ l Wasser übergießen und in einer Schüssel kalt stellen.

Die ggf. übriggebliebene Schale in die andere Schüssel zu den kleingeschnittenen Zitronenspalten geben.

Die Schüsseln nun 24h ruhen lassen, zumindest aber über Nacht.

Am nächsten Tag die große Schüssel mit Zitronenspalten mitsamt dem Einweichwasser in einen großen Topf geben und ca. eine Dreiviertelstunde auf kleiner Flamme ohne Deckel köcheln lassen. Dann den Topf über ein Sieb in eine Schüssel ausgießen, die Flüssigkeit durch das Sieb auspressen, bis im Sieb nur noch ein wenig trockene Reste, und die Kerne übrigbleiben. Sämiges Mus unter dem Sieb mit einem Messer abkratzen. Fruchtreste entsorgen.

Die Zitronenmasse wieder in den Topf zurückgeben, die fein geschnittenen Schalenstücke mitsamt dem Einlegewasser dazugeben.

Die Masse wiegt nun ca. 2 kg, und es kommen nun noch 2 kg Zucker und eine Prise Salz hinzu.

Ca. 5 Minuten kochen, immer wieder Gelierprobe auf einem Teller machen.

Zitronen-Orangen-Marmelade

Diese Marmelade wird ähnlich wie die reine Zitronenmarmelade hergestellt.

Zutaten: 500g Bio-Zitronen und 1 kg Orangen, 1 ¾ l Wasser, ca. 2 kg Zucker, ggf. 1 Prise Salz.

Zubereitung: Zitronen waschen, halbieren. Gelbe Schale dünn abschneiden, zur Seite stellen. Die weiße Haut der Zitronen abschälen, das geht am besten von oben nach unten in Richtung Schnittstelle. Die abgeschnittene weiße Haut wegwerfen.

Orangen gründlich schälen. Die Orangenschale wegwerfen, falls es keine Bio-Früchte sind, ansonsten kann auch hier die äußerste Schale dünn abgeschnitten und beiseite gestellt werden.

Die Zitronen- und Orangenspalten in Stücke schneiden, in einer großen Porzellanschüssel mit 1 ½ l Wasser übergießen und an einen kühlen Ort stellen.

Diejenigen, die gerne Zitronen- und/oder Orangenschalenstücke in der fertigen Marmelade haben möchten, können nun einen Teil der Schalenstücke in feine Streifen schneiden.

Die kleingeschnittenen Schalenstücke mit dem restlichen ¼ l Wasser übergießen und in einer Schüssel kalt stellen.

Die übriggebliebene Schale in die andere Schüssel zu den kleingeschnittenen Zitronen- und Orangenspalten geben.

Die Schüsseln nun 24h ruhen lassen, zumindest aber über Nacht.

Am nächsten Tag die große Schüssel mit den Zitrusspalten mitsamt dem Einweich- wasser in einen großen Topf geben und ca. eine Dreiviertelstunde auf kleiner Flamme ohne Deckel köcheln lassen. Dann den Topf über ein Sieb in eine Schüssel ausgießen, die Flüssigkeit durch das Sieb auspressen, bis im Sieb nur noch ein wenig trockene Res- te, Kerne usw. übrigbleiben. Sämiges Mus unter dem Sieb mit einem Messer abkratzen. Fruchtreste entsorgen.

Den ausgepressten Saft wieder in den Topf zurückgeben, die fein geschnittenen Schalenstücke mitsamt dem Einlegewasser dazugeben.

Die Masse wird nun abgewogen. Sie wiegt nun etwas über 2 kg, und es kommt eine gleiche Menge Zucker hinzu.

Ca. 5 Minuten kochen, immer wieder Gelierprobe auf einem Teller machen. Wenn die Marmelade zu bitter ist, eine Prise Salz hinzugeben, gut verrühren und noch einmal aufkochen.

Wenn die Marmelade geliert, in sterile heiß durchgespülte Gläser abfüllen.

Zwetschgen-Marmelade

Variante 1

2 kg reife Zwetschgen entkernen und schälen. Wenn einem das Schälen zu aufwendig ist: in wenig Wasser erhitzen, bis sie ganz weich werden, durch ein Sieb streichen.

500 g Zucker abmessen, Zucker mit einem kleinen Schuss Wasser und den Zwetschgen vermengen und zu dicker Marmelade einkochen. Mit einem Holzlöffel stetig umrühren und aufpassen, dass die Marmelade nicht anbrennt.

Variante 2

2 kg trockene Zwetschgen waschen und wenn möglich entkernen, dann in einem Topf mit ein wenig Wasser kochen, bis sie erweicht sind. Dann die erweichen Zwetschgen (mit der Kochflüssigkeit) durch ein Sieb passieren. 500 g Zucker zur Masse geben und zu fester Marmelade einkochen. Nach Belieben mit etwas Zitronenschale, einer Zimtstange oder Vanilleschote würzen, letztere sollten vor dem Abfüllen in Gläser wieder herausgenommen werden.

<u>Variante 3 (ohne Zuckerzugabe)</u>

Süße reife Zwetschgen waschen, entsteinen und halbieren.

In einer Aufflaufform eine Stunde auf der unterste Schiene im Backofen stellen bei 200°C backen, dann die Temperatur für eine Stunde auf 150°C herunterdrehen.

Zwetschgen aus dem Ofen nehmen, grob zerstampfen, und in einem Topf weitere 1 bis 2 Stunden bei geringer Hitze unter gelegentlichem Rühren, damit nichts anbrennt, einkochen lassen.

Dann in heiß ausgespülte Gläser abfüllen.

Zwiebel-Marmelade

Zu guter Letzt folgt noch ein Rezept für eine Zwiebelmarmelade, die sehr gut zu Käse und gegrilltem Fleisch passt.

Zutaten: 500g rote Zwiebeln, 100 g Zucker, etwas Butter, 100 ml Balsamico-Essig, 1 TL Salz.

Zubereitung: Zwiebeln hacken und in etwas Butter glasig dünsten, Zucker und Salz hinzugeben, und das Ganze mit dem Essig ablöschen. Dann für ca. 30 Minuten köcheln, bis die Marmelade dicklich eingekocht ist. In die vorbereiteten heiß ausgespülten Gläser füllen.

Die Marmelade ist wegen des geringen Zuckergehaltes nicht unbegrenzt haltbar und sollte bis zum Verzehr besser im Kühlschrank gelagert werden.

Alphabetisches Register

Ananas **13**, 37
Apfel **13-18**, 27, 29, 38, 54, 55
Apfelsine 14, 26, 28, 29, 30, 35, 37,39, **45**, 46, 47, 53, 60
Aprikose 15, **18**, 19
Banane 19
Birne **20/21**, 42
Blaubeeren 22
Blutorange 22
Brombeeren **22**, 56, 58
Bucheckern 58
Cranberries 23
Datteln 23
Eberesche 55
Erdbeeren **23/24**, 25, 26
Esskastanien 41, 42
Feige 25, 26
Felsenbirnen 27
Granatapfel 27, 28
Grapefruit 29
Hagebutte 30
Haselnuß 19, 49
Himbeeren **31**, 32, 56, 58
Holunderbeeren 32, 58
Holunderblüten 33
Holzäpfel 15
Johannisbeeren 31, 32, **34**, 35, 55
Kaki 35
Kaktusfeige 25, 43
Karotte 14, **36**, 46
Kirsche 16, 35, **36**, 37, 53, 59
Kiwi **37**, 40
Kornelkirschen 38
Kürbis **38**, 39
Litschi **39**, 40
Löwenzahnblüten 40

Mango 40
Maracuja 47, 48
Maronen 41, 42
Maulbeeren 42
Melone 42
Mirabellen 44
Mispel 44
Möhre 14, **36**, 46
Nektarine **43**, 45
Orange 14, 26, 28, 29, 30, 35, 37, 39, **45**, 46, 47, 53, 60
Paprika 47
Passionsfrucht 47
Pfirsich 17, 43, **48**
Pflaume 48, 49
Preiselbeeren 50
Quitte 50
Renecloden (Reineclauden) 44, 51
Rhabarber 25, 32, **51**
Rosen 33, **52**
Sanddorn 17, 19, 25, **52**, 53
Sauerkirschen 37, 38, 53
Schlehen 54
Sharonfrucht 35
Stachelbeeren 55
Steinapfel 44
Sauerkirschen 53
Trauben 57
Vogelbeeren 55
Vogel-Kirschen 59
Waldbeeren 56, 58
Waldmeister 56
Walnuß 26, 49, 53
Weintrauben 57
Weißdorn **58**, 59
Wildkirschen 59
Zitrone 18, **59**, 60
Zwetschge 21, **61**
Zwiebel **62**